LOUIS BARBAY

HISTOIRE

de la

TÉLÉGRAPHIE

A Argentan

ALENÇON

IMPRIMERIE A. COUESLANT

1912

HISTOIRE

DE LA TÉLÉGRAPHIE

A ARGENTAN

LOUIS BARBAY

HISTOIRE

de la

TÉLÉGRAPHIE

A Argentan

ALENÇON

IMPRIMERIE A. COUESLANT

1912

HISTOIRE

DE

LA TÉLÉGRAPHIE

à Argentan

Si haut que nous remontions dans l'histoire du Monde nous trouvons trace de moyens employés pour correspondre au loin : Pausanias assure que la « Fête des Flambeaux » à Argos avait été instituée pour perpétuer le souvenir de la manière dont Lyncée annonça par des flambeaux à Hypermnestre qu'il avait échappé à Danaüs et comment Hypermnestre fit connaître à son époux par un fanal placé sur le fort de Larisse qu'elle était aussi hors de danger.

Homère raconte que Palamède et Simon firent souvent usage de signaux de feu pendant la guerre de Troie.

Le baron Bouchrœnder va jusqu'à prétendre que la Tour de Babel avait principalement pour objet d'établir un point central de communication entre les fils de Sem dispersés sur la terre.

La Télégraphie, loin d'être une invention moderne, est donc, au contraire, presque aussi vieille que l'humanité, mais elle a subi tant de perfectionnements depuis ses origines jusqu'à nos jours que les appareils actuels n'ont aucune analogie avec les systèmes primitifs.

Exposer brièvement les transformations de la télégraphie à Argentan, tel est notre but en écrivant les lignes suivantes.

***

Bien avant la conquête romaine, les Gaulois employaient divers procédés pour annoncer rapidement les nouvelles importantes.

Le jour, un jeune homme, au larynx solide, montait sur une colline et de là criait son message à tous les points de l'horizon. Bientôt, au loin, des voix lui répondaient ; ainsi, de bouche en bouche, la nouvelle cheminait jusqu'aux extrémités du pays. César assure que ce mode de transmission était fort rapide ; en revan-

che, il le trouvait peu discret !
D'après lui, ces avertissements mar-
chaient si vite qu'ils franchissaient
une distance d'environ cinquante
lieues dans le court espace de temps
compris entre le lever et le coucher
du soleil. La nuit, on employait pour
correspondre des feux allumés sur
des hauteurs : c'est la « huchée »
dont quelques vieilles légendes nous
ont gardé le souvenir. Nos ancêtres
disposaient souvent ces brasiers à la
base des menhirs ; la haute pierre
vivement éclairée par la flamme se
dressait alors lumineuse sur le ciel
noir. A ce signal, d'autres feux s'allu-
maient sur divers points de l'horizon;
on s'appelait, on se répondait, et la
nouvelle volait dans l'air au-dessus
des villages endormis. Ces brasiers
avertisseurs, dont il était facile de
varier le nombre et les dimensions,
devinrent, grâce à des combinaisons
très simples, de véritables signaux
télégraphiques.

Ces transmissions relativement rapides, que la nuit ne pouvait inter-
rompre, exigeaient une surveillance
continuelle ; de plus, dans un pays
recouvert presque entièrement d'é-
paisses forêts, les postes d'observation

ne pouvaient être installés que sur des hauteurs naturelles ou artificielles.

La reconstitution de ces anciens réseaux a été plusieurs fois tentée et quelques études partielles ont été publiées; rien encore n'a été dit sur notre région, bien que l'on ait cru découvrir la trace d'une ancienne ligne télégraphique gauloise semblant quitter la vallée du Loir pour se diriger vers le nord en passant par Le Mans.

Lorsqu'on examine les emplacements des stations qui ont laissé les traces les moins incertaines de cette voie on constate qu'ils sont en général éloignés les uns des autres de dix à douze kilomètres. Ces distances font supposer que cette ancienne ligne ne fut établie que pour des signaux ignés. Cependant des buttes intermédiaires aujourd'hui disparues permirent peut-être des communications verbales.

Des fouilles pratiquées sur l'emplacement supposé de chaque ancien poste ont amené la découverte d'un grand nombre d'objets, tels que : poteries en terre noire non vernissée, charbons, gros clous de fer, grattoirs en silex grossièrement taillés, etc.

Si l'on ne rencontre pas dans notre département de ces lignes d'éminences artificielles, des recherches effectuées sur les points culminants de notre region ont en revanche démontré que ces élévations naturelles étaient fréquentées par nos ancêtres dès la plus haute antiquité. Sur les hauteurs des camps de Gult, à vingt kilomètres au sud d'Argentan, des fouilles ont fait découvrir plusieurs objets en bronze ; nos pères, dès l'âge de bronze, occupaient donc cet excellent point d'observation. A Montabard, chaque fois que le cultivateur remue le sol sur le sommet du mont Epinette, il y rencontre des vestiges variés rappelant des époques depuis longtemps disparues ; ce sont des pierres taillées, des haches de silex, des fragments de poteries. Des découvertes semblables ont été faites sur la plupart des points culminants du département de l'Orne. Ces élévations naturelles suffirent peut-être aux anciens habitants de notre région pour communiquer entre eux.

Lorsque la conquête romaine fut terminée, les procédés télégraphiques se perfectionnèrent en Gaule. Les Romains ayant appris des Carthaginois, lors des guerres puniques, l'art de communiquer à l'aide de signaux, en apprécièrent les avantages et établirent, partout où s'étendirent leurs conquêtes, des moyens de communication rapides qu'ils utilisèrent pour maintenir leur domination sur les peuples vaincus.

Sur les routes qui sillonnaient leur vaste empire, les empereurs romains faisaient élever de distance en distance des tours destinées à la transmission des signaux. Du haut de ces édifices on employait pour correspondre des drapeaux, des bâtons et des planches. Quelques vestiges de ces tours existent encore aujourd'hui dans certaines contrées de la France, notamment en Bretagne et dans le département du Gard ; nous n'en connaissons pas dans notre région, sillonnée cependant jadis par d'importantes voies romaines. En revanche les vastes constructions appelées camps romains sont nombreuses dans notre département ; ces camps sont aussi d'anciens postes télégraphiques. Nous extrayons les lignes suivantes d'une étude de M. de Caumont :

« Ces enceintes, dont quelques-unes sont peu éloignées les unes des autres, sont placées généralement sur des points d'où l'on pouvait surveiller les campagnes environnantes : elles appartiennent à diverses époques de la domination romaine. Quand les invasions des barbares devinrent fréquentes non seulement ce fut là des camps pour les troupes mais aussi des lieux de refuge où les habitants des contrées les plus exposées au pillage pouvaient se réunir et se mettre à couvert dans les moments de danger. Tous ces camps sont situés sur des éminences et il n'y en a peut-être pas un seul qui ne soit placé de manière a être aperçu d'un autre camp plus ou moins éloigné et qui ne puisse correspondre avec lui au moyen de signaux. Ainsi nous trouvons dans la disposition de ces forteresses non seulement un système très favorable de défense mais encore une sorte de système télégraphique au moyen duquel les garnisons pouvaient s'avertir du danger et se prêter mutuellement main-forte. »

L'arrivée des barbares au v⁰ siècle arrêta le progrès de cette télégraphie primitive, qui d'ailleurs ne pouvait guère se perfectionner davantage, car l'obstacle devant lequel devaient échouer toutes les tentatives d'amélioration était la faible portée de la vue humaine ; pour lire de loin il fallait pouvoir distinguer au loin ; l'art des signaux était donc intimement lié à celui de la construction des lunettes d'approche. Pour cette raison les procédés télégraphiques imaginés jusqu'au XVIIIᵉ siècle ressemblèrent peu ou prou à ceux qui furent en usage chez les peuples anciens. Et pourtant les chercheurs ne manquèrent pas ; on inventa un peu partout de nouveaux systèmes, malheureusement trop compliqués pour être pratiques. L'un d'eux, imaginé par un professeur allemand, nous semble tellement bizarre que nous croyons devoir le signaler brièvement ; cet inventeur employait pour correspondre : des fanaux, des fusées, des pièces d'artillerie, des tambours, des trompettes, des cadrans, le son des cloches, des vases remplis d'eau, des miroirs, des drapeaux, etc., etc. ! Est-il· besoin d'ajouter que ce chercheur, malgré sa brillante imagination, ne fut guère plus heureux que ses devanciers.

Un Français, Claude Chappe, eut l'honneur de découvrir la solution pratique du problème, vainement cherchée depuis tant de siècles.

Claude Chappe, l'inventeur du télégraphe aérien, naquit à Brulon, dans le département de la Sarthe, le 25 décembre 1763. Il commença ses études au Collège de Joyeuse à Rouen et les termina au Petit Séminaire de la Flèche. Quelques mois plus tard, il fut nommé abbé commandataire et pourvu d'un important bénéfice près de Provins. Il consacra ses loisirs à l'étude des sciences, notamment à celle de l'électricité et publia plusieurs ouvrages qui appelèrent sur lui l'attention des savants. Lors de la suppression des bénéfices, il regagna son pays natal ; c'est alors qu'il entreprit ses expériences de télégraphie en collaboration avec ses frères. Son but était d'imaginer un système de communication permettant au Gouvernement de transmettre ses ordres dans le moins de temps possible.

Le premier appareil qu'il construi-

sit se composait de deux pendules à
secondes réglées synchroniquement et
éloignées l'une de l'autre d'environ
quatre cents mètres. Leurs cadrans
étaient parcourus par une aiguille
entraînée par un mouvement d'horlo-
gerie. Chacune des divisions des cadrans correspondait à un nombre.
Pour transmettre une phrase on laissait au même instant les pendules
entrer en mouvement. Lorsque l'aiguille de l'un des cadrans passait sur
le chiffre qu'on voulait indiquer, on
frappait sur une cloche, le son ainsi
produit annonçait au poste correspondant que le chiffre sur lequel se
trouvait l'aiguille était significatif.
Un vocabulaire permettait ensuite de
traduire ce langage chiffré en langage
ordinaire. Ce moyen de correspondre
fut bientôt reconnu impraticable.
Chappe essaya de le perfectionner; il
tenta de substituer l'électricité au son
dans la transmission des signaux; ces
nouveaux essais ne donnèrent que
des résultats peu satisfaisants. Il eut
ensuite recours à un système optique:
l'apparition et la disparition d'un ta-
bleau noir indiquaient le moment
précis où les aiguilles arrivaient sur
la division significative. Par ce

moyen, les frères Chappe correspondaient entre eux de deux points éloignés d'environ douze kilomètres. Ils firent constater ce résultat et obtinrent l'autorisation de faire à Paris des expériences publiques. Ils installèrent leur télégraphe sur l'un des pavillons de la barrière de l'Etoile. Mais, un matin, ils constatèrent que l'appareil avait été détruit pendant la nuit. Les auteurs de cette mutilation restèrent inconnus.

Claude Chappe ne se découragea pas. Quelques mois plus tard, aidé par ses frères, il élevait un autre système à Ménilmontant. Ce dernier se composait d'un chassis rempli par cinq persiennes qui paraissaient et disparaissaient à volonté. Les différentes positions occupées par les persiennes formaient les signaux, on avait renoncé à l'emploi des pendules. Mais ces nouvelles expériences déplurent aux habitants de Ménilmontant qui prétendirent que cette « machine pour écrire en l'air » avait principalement pour but de trahir le pays ; ils mirent le feu au nouvel appareil en menaçant l'inventeur de le jeter au milieu des flammes.

Peu de temps après une nouvelle

tentative fut suivie de la même infortune.

Claude Chappe se remit courageusement au travail. C'est alors qu'il imagina le système qui devait le rendre célèbre. Grâce à la situation de son frère aîné, que les électeurs de la Sarthe venaient d'envoyer à l'Assemblée Nationale, il put exposer, sans trop de difficultés, ses projets au Gouvernement. En présence d'une Commission composée de trois membres, celui-ci fit faire des expériences.

Le nouvel appareil télégraphique se composait essentiellement d'un mât, au sommet duquel pouvait se mouvoir, dans un plan vertical, un rectangle opaque portant le nom de régulateur. A chaque extrémité du régulateur était placé un rectangle opaque et mobile également dans le plan vertical autour d'un axe fixé sur le petit côté de ce rectangle. Ces deux rectangles plus petits que le régulateur portaient le nom d'indicateurs. Les mouvements du régulateur et des indicateurs étaient produits à l'aide de cordes passant sur des poulies et commandées par des manivelles placées au pied du mât.

Un petit appareil semblable à celui

que nous venons de décrire, mu par les mêmes manivelles que le premier et placé sous les yeux de l'opérateur, permettait à celui-ci de s'assurer que l'instrument indiquait bien le signal qu'on voulait produire ; ce petit appareil de contrôle était le répétiteur.

Le nombre des signaux que l'on peut obtenir avec un pareil système est théoriquement infini ; il suffit en effet pour produire un signal différent d'un autre de modifier l'inclinaison de l'un des indicateurs par rapport au régulateur.

Pour éviter des confusions on choisit une centaine de positions parfaitement distinctes les unes des autres. Leurs significations étaient indiquées dans des codes. Les employés appelés à manœuvrer les appareils ne possédant pas ces codes ignoraient le sens des dépêches qu'ils étaient appelés à transmettre.

Les résultats des expériences officielles furent jugés si satisfaisants que le Gouvernement décida la construction immédiate de plusieurs lignes. Leur installation fut confiée à Claude Chappe. D'importants crédits furent ouverts. On accorda à l'inventeur l'autorisation d'installer ses appareils sur les tours et les clochers ainsi que sur les terrains privés ; on lui permit aussi de couper les arbres gênant le rayon visuel.

La télégraphie aérienne était créée.

******

L'administration de la Marine, désirant se mettre en relations avec les côtes de l'ouest, décida l'installation d'une ligne télégraphique de Paris à Brest avec embranchement sur Saint-Malo. Argentan fut desservi par cette ligne. Les premiers travaux commencèrent au début de l'an VI. Claude Chappe détermina lui-même les emplacements des stations.

L'argent manqua souvent.

Chappe écrivait :

De Port-Malo, le 18 ventôse an VI,

« Des fonds ! des fonds ! encore une fois des fonds ! autrement nous ne pouvons rien faire ; adressez-les à Port-Malo. Salut et fraternité. »

De Port-Malo, le 30 ventôse an VI,

« Pas encore de fonds ! nous perdons depuis près de huit jours un temps extrêmement précieux pour les recherches des positions. Cette situation me désespère ! Salut et fraternité. »

De Laigle, le 14 prairial an VI.

« Je fais tout pour assurer le prompt succès de l'établissement que je dirige ; de l'argent ou point de ligne de Brest. Salut et fraternité. »

Des fonds ! des fonds ! tel est l'appel continuellement répété dans la correspondance de Claude Chappe lors de l'établissement de la ligne télégraphique de Paris à Brest. Cette ligne fut construite en sept mois ; elle avait cependant présenté de nombreux obstacles pour l'installation des postes dans un pays boisé et par conséquent peu propice à l'établissement des stations aériennes. Elle coûta environ trois cent mille francs. Elle se composait de cinquante-huit postes distants les uns des autres de dix à douze kilomètres. — Voici leurs noms :

1. Paris
2. Passy.
3. Mont-Valérien.
4. Trou-d'Enfer.
5. Les Clayes.
6. Neauphe-le-Château.
7. La Queue-les-Ivelines.
8. Bourdonné.
9. Broué.
10. Dreux.
11. Nonancourt.

12. Tillière-sur-Avre.
13. Verneuil.
14. La Lande.
15. Le Buat.
16. Saint-Symphorien.
17. Bois-Gaudry.
18. Vertbois.
19. Chaumont.
20. Grandval.
21. Egreffin.
22. Tournay.
23. *Bailleul.*
24. *Habloville.*
25. Le Repas.
26. Landigou.
27. Chapelle-Biche.
28. Saint-Cornier.
29. Les Herbreux.
30. La Tournerie.
31. La Rivière.
32. Bruyère-aux-Bois.
33. Avranches.
34. Mont-Saint-Michel.
35. La Masse.
36. Mont-Dol.
37. Cancale.
38. Saint-Malo.
39. Tertre-Guérin.
40. Le Meurtel.
41. Claire-Ville.
42. La Ville-Pichard.

43. Morieux.
44. Saint-Brieuc.
45. Pierneuf.
46. Laurodec.
47. Coatforne.
48. Kermoyec.
49. Keranterra.
50. Lanneanon.
51. Le Cloître.
52. Saint-Thégonnec.
53. Lampaul.
54. La Martyre.
55. Saint-Divy.
56. Guipavas.
57. Kerfautras.
58. Brest.

Au début, cette ligne ne comprenait que trois traducteurs, un à Paris, un à Brest, l'autre à Saint-Malo. Plus tard elle fut partagée en plusieurs divisions, et le nombre de ses traducteurs fut augmenté. Chaque division était placée sous la surveillance d'un inspecteur. Les télégrammes à destination des localités situées dans l'Orne ou dans un département limitrophe de l'Orne, furent traduits pendant plusieurs années par la direction d'Hablotville créée vers 1825. Cette direction communiquait par estafettes avec Argentan, Falaise et Caen. Quelques personnes compétentes critiquèrent le choix de son emplacement. Nous reproduisons ci-dessous les appréciations de M. de Conseil, ancien directeur de ce télégraphe :

La direction télégraphique d'Habloville est dans un isolement complet ; à vingt minutes du moindre hameau, au milieu d'un terrain marécageux, couvert d'eau huit mois de l'année, elle est à trois lieues d'Argentan et reliée à cette ville par un chemin de traverse impraticable ; les dépêches ne peuvent être portées que par un piéton, ce qui occasionne fréquemment des retards considérables.

Lors de l'établissement de cette direction, les autorités d'Argentan avaient demandé son installation dans leur ville, on a cru devoir opposer à cette demande des obstacles de terrain. Un mémoire fort exact avait cependant prouvé que les sommes nécessaires pour édifier la direction d'Habloville suffisaient amplement pour vaincre tous ces obstacles.

En admettant que le terrain des environs d'Argentan ne permette pas la création d'un poste télégraphique dans cette ville, Falaise et surtout Guibray, n'offrent pas les mêmes inconvénients.

Ce dernier emplacement ne ferait faire à la ligne actuelle qu'une légère déviation et deux postes nouveaux seraient suffisants, l'un entre Bailleul et Guibray, l'autre vers Bazoches. A Falaise ou à Guibray, le directeur du télégraphe pourrait être en relations faciles avec les autorités de Caen, de Vire, d'Argentan et de Falaise, villes entre lesquelles il existe une correspondance active. En cas de troubles la direction serait en sûreté, tandis que dans son isolement actuel, elle peut être détruite en quelques heures.

Nous lisons, en effet, le passage suivant, dans une étude de M. de la Sicotière :

Billard ayant enlevé, pour les rançonner, deux riches acquéreurs de biens nationaux, Le Goux, de Bazoches et Le Beneux, de Neuvi, le bruit s'en répandit immédiatement jusqu'à Caen et jusqu'à Alençon, et des détachements des garnisons de ces deux villes, des gardes nationaux de Falaise et d'Argentan, ceux du canton de Bazoches, levés en masse, toutes les brigades de gendarmerie à dix lieues à la ronde, marchèrent sur lui. Plus de trois mille hommes cernèrent bientôt sa petite troupe, qui avait emmené les deux otages à la basse cour du Jardin, commune de Giel, dont le fermier était de leurs parents. Elle y fut attaquée par une colonne supérieure en force, mais qui, croyant avoir devant elle l'avant-garde d'une troupe nombreuse, lâcha promptement pied en laissant sur le terrain quelques prisonniers. Les vainqueurs se portèrent sur le télégraphe d'Habloville qui était tout près de là et le brûlèrent. Il ne se composait alors que d'un bâtiment carré, en pierres, de 4 m. 20 de côté sur 5 de hauteur, sans défense extérieure. Trois des gardiens, Le Neveu, Hondellière et Cordier, furent passés par les armes. C'était le 10 prairial (29 mai 1799). Billard alla traverser l'Orne, au gué de la Folie, et se jeta dans les bois de Ménil-Jean. On crut dans le temps qu'il avait été averti par le maire de Giel.

Les registres des délibérations de l'Administration centrale du département de l'Orne, sous forme de proclamation, font en ces termes le récit de cette journée tragique :

... Déjà, le bruit public vous a appris le massacre que [les brigands] viennent de faire de trois républicains dans le canton de Putanges ; ils ont pris un plaisir barbare à leur donner la mort de la manière la plus lente comme la plus douloureuse ; ils leur ont crevé les yeux, extrait la cervelle, arraché la langue et ouvert le ventre avec le tranchant de

leurs sabres ; ils contemplaient avec
jouissance ces malheureuses victimes
dans les plus cruelles angoisses et, croyant que leurs membres palpitants
étaient encore susceptibles de douleur,
ces tigres ont exercé sur eux des cruau-
tés que les plus barbares n'avaient point
encore imaginées... Ecoutez les cris
plaintifs, les gémissements de leurs familles éplorées et des amis de l'humanité..... (1) »

Nous devons à l'amabilité d'un ancien stationnaire, quelques détails
intéressants sur le fonctionnement
du télégraphe aérien ; nous les reproduisons ci-dessous :

..... Pour que l'échange des correspondances pût s'effectuer d'un poste à
l'autre, il était indispensable que chaque
station distinguât les signaux émanant
des deux stations voisines, tant de celle
disposée en amont que de celle placée
en aval ; aussi, la distance comprise
entre deux postes, légèrement variable
suivant les régions, était-elle généralement de neuf à douze kilomètres.
Chaque station était munie de deux
longues-vues braquées l'une sur le poste
d'avant, l'autre sur le poste d'arrière ;

(1) XI⁰ Registre des délibérations, an VII. Archives de l'Orne, L 213, f. 103.

aussitôt que le stationnaire observait un
signal formé par l'un de ses correspon-
dants, il le reproduisait sur le champ et
ne passait à un nouveau signal qu'après
s'être assuré que le précédent avait été
fidèlement imité par le poste qui le sui-
vait. De sorte que les mouvements exé-
cutés à une extrémité de la ligne étaient
ainsi copiés de proche en proche,
depuis le point de départ jusqu'au point
d'arrivée.

La transmission d'un signal deman-
dait dans chaque station un quart de
minute environ. En conséquence si l'on
voulait connaître le temps employé par
un signal pour franchir l'espace sépa-
rant deux stations quelconques, il suf-
fisait de compter autant de fois un
quart de minute que la ligne compor-
tait de postes.

Un signal transmis de Paris arrivait
donc à Brest en quinze minutes, à Habloville en six minutes.

Lorsque le ciel était pur, les signaux
se lisaient facilement ; mais, souvent au
milieu d'une dépêche, des vapeurs s'éle-
vaient ou la brume s'épaississait et le
stationnaire du point d'arrivée, qui
transcrivait la dépêche, la laissait fréquemment inachevée en la terminant par
cette phrase mélancolique « interrom-
pu par le brouillard ».

La plupart des anciens télégrammes
portent en effet des mentions de ce

genre. Qu'on en juge par ceux-ci, qui furent affichés à Argentan en l'année 1830, lors de la conquête de l'Algérie :

I

Télégraphie
Direction d'Habloville

(Dépêche télégraphique de Paris du 19 juin 1830, à 5 h. du matin, retardée par le mauvais temps).

Monsieur le contre-amiral baron Duperré annonce que l'armée française a été débarquée entièrement le 14 juin et qu'elle a pris position sur la hauteur qui est en avant de la presqu'île de Sidi-Ferruch. La division du général Barthezene a chassé l'ennemi de sa position et lui a pris 9 canons et 2 mortiers. La flotte est mouillée dans la baie de Sidi-Ferruch.

II

Télégraphie
Direction d'Habloville

Habloville, le 19 juin 1830, à 4 h. 1/2 du soir.
(Dépêche adressée aux directeurs des télégraphes d'Habloville, de Saint-Malo et de Brest, par le Ministre de la Marine, datée du 19 juin, à 12 h., retardée par le brouillard).

Donnez la plus grande publicité à la nouvelle suivante:

L'armée navale a occupé, le 13 juin, la baie de Sidi-Ferruch. Le débarquement a commencé le 14 à 2 h. du matin et toutes les troupes étaient à terre à 10 heures. L'ennemi a été chassé de la position qu'il avait prise en arrière et la division Barthezene a enlevé 9 canons et 2 mortiers. Le quartier général est à Torresta-Chira. La rade à l'ouest de Sidi-Ferruch est bonne et l'armée navale devait y rester mouillée.

III

*Direction télégraphique
d'Habloville*

(Dépêche de Paris, du 21 juin 1830 à 9 h. du matin, retardée par le mauvais temps).

Toute l'armée a débarqué en huit heures avec ses munitions et approvisionnements. Les positions de l'ennemi ont été tournées et enlevées. Les masses de cavalerie qu'il nous a opposées ont été repoussées, les canons ont été pris et notre armée. . . . .

(Dépêche parvenue à travers la brume. L'état de l'atmosphère empêche le reste de parvenir. Cependant Habloville communique avec Brest et l'on espère que Paris se débouchera rapidement).

IV

Direction télégraphique
d'Habloville

(Suite de la dépêche télégraphique du 21, à 9 h. du matin).

Les masses de cavalerie qu'il nous a opposées ont été repoussées, ses canons ont été pris et notre armée campe sur le terrain qu'il a occupé.

Télégraphie
Direction d'Habloville

(Dépêche télégraphique de Paris du 25 juin au soir, terminée le 26 au matin).

L'ennemi a attaqué le 20 au matin, la position de l'armée d'Afrique, il a été vigoureusement repoussé et mis en pleine déroute. Son camp est tombé en notre pouvoir ainsi que 8 pièces d'artillerie, 400 tentes dressées, beaucoup de chameaux, de troupeaux, de moutons et d'approvisionnements de toute espèce. Les contingents des provinces de Constantine, d'Oran et de Tillerie et une partie de la milice turque, composent l'armée ennemie. La milice a essuyé une perte considérable.

L'armée française a pris position au camp de Staoueli. Ce nouveau succès à électrisé nos troupes.

VI

*Télégraphie
Direction d'Habloville*

(Dépêche télégraphique de Paris
du 9 juillet 1830, à 3 h. Brouillard).

Alger s'est rendu à discrétion, le 5, à
midi, et à 2 h. le pavillon du Roi flottait
sur le palais du Dey. Tous nos prisonniers naufragés ont été sauvés et 15 canons de bronze, 12 bâtiments de guerre,
les arsenaux de guerre et de marine,
approvisionnés d'armes et de munitions,
sont tombés en notre pouvoir, dans ce
jour mémorable.

Pendant cette saison, la ligne télégraphique de Paris à Brest était ouverte de 4 h. du matin jusqu'à
8 h. 1/2 du soir.

Nous terminons ce chapitre en
consacrant quelques lignes à chacun
des anciens postes télégraphiques
situés dans les environs d'Argentan.

LE REPAS

Le poste télégraphique du Repas
était le plus occidental de notre arrondissement. Il fut installé près du
village du Mois, à 250 mètres d'altitude, sur la partie culminante d'un

vaste plateau boisé. On lit dans un rapport qui semble avoir été écrit vers 1830 :

« Les habitants de Sainte-Honorine-la-Guillaume, de Méguillaume, du Repas, de Chênedouit et de Saint-Aubert-sur-Orne, se sont montrés, dans les moments les plus critiques, bons républicains et ont toujours évité aux agents du télégraphe, les menaces et les embarras de tous genres ».

Il ne reste aucun vestige de cet ancien télégraphe.

HABLOVILLE

Ce poste fut établi près du village de Bissey, à 246 mètres d'altitude, sur la lisière d'un bois situé à 15 kilomètres d'Argentan et à 5 kilomètres de Putanges. Il fut incendié par les chouans (1), en mai 1799, puis en septembre 1800. Un peu plus tard, il fut attaqué la nuit par des rôdeurs qui déréglèrent ses mouvements et essayèrent de couper les cordes qui le faisaient agir. Le Gouvernement

(1) Voir plus haut.

prescrivit une enquête, on demanda des renseignements au maire d'Habloville, qui répondit par la lettre suivante :

Mairie d'Habloville

Habloville 9 frimaire an IX.

Le maire d'Habloville, au citoyen La Roche, commandant l'arrondissement, à Argentan.

Votre lettre datée du 3 frimaire, présent mois, tendant à vous donner des renseignements sur la situation du poste télégraphique situé dans ma commune ne m'est pas sitôt parvenue, que j'ai pris des mesures pour vous donner ces renseignements. Ce poste est placé à l'extrémité de ma commune, au bord d'une bruyère, sur plusieurs chemins publics. Comme il a éprouvé un incendie le 10 prairial de l'an VII, le Gouvernement en fit provisoirement placer un autre par terre, en attendant le rétablissement du premier, qui sous peu de jours, sera dans son état primitif et où les agents télégraphiques seront plus en sûreté. Comme les autres postes de la ligne, il est bâti en pierre, les murs ont environ 15 pieds de hauteur, il n'a pas d'autre mur d'enceinte. Je ne vois pas d'autre moyen de défense que la continuation de la surveillance des habitants des communes environnantes, qui lui font la garde dans les moments critiques.

Je vous salue fraternellement.

Le maire d'Habloville,

Lecuré

En 1830, ce poste télégraphique fut incendié une troisième fois ; nous extrayons les renseignements suivants d'une étude de M. Louis Duval:

Le 22 mai 1830, à 9 heures du soir, un incendie éclata dans les bâtiments attenants à la maison occupée par le directeur du télégraphe M. de Conseil, sa femme, ses deux filles, deux domestiques et par les quatre employés attachés au service télégraphique. Si le vent n'eût subitement changé, l'édifice entier eût été détruit. Des enquêtes furent faites immédiatement par les soins du sous-préfet et du procureur du roi. Voici ce que M. des Moutis, sous-préfet, écrivait le 27 au soir au préfet de l'Orne :

« J'arrive du télégraphe. Je ne sais plus quel jugement porter sur l'incendie du 22. A voir l'intérieur, on ne comprend pas comment le feu aurait pu être mis par des étrangers. Cependant les assertions positives de M. de Conseil, ne permettent pas de supposer qu'une imprudence ait été commise dans cette maison. L'inspection des solives montre que le feu est venu de la partie supérieure, nulle trace, nulle crevasse à la cheminée. Il paraît que des désordres effrayants ont eu lieu dans la Manche et nécessitent l'envoi de la garde royale. J'ai cru rendre un service véritable en organisant une correspondance au moyen de laquelle vous pourrez communiquer avec Paris en sept ou huit heures. J'envoie un poste à Sées, un autre de trois ordonnances au télégraphe. M. de Conseil transmettra sur le champ mes dépêches et m'adressera immédiatement celles qu'il pourra recevoir. Je préviens par ce courrier les ministres de la Guerre et de l'Intérieur. J'ai écrit à ce dernier du télégraphe ; j'annonce qu'il n'y a rien de nouveau depuis l'incendie du 24 aux Yveteaux... »

Dans la nuit du 26, à minuit, le même fonctionnaire avait informé le préfet de l'arrivée du 1er régiment des grenadiers de la garde : « Je ne puis disait-il, attribuer cette incroyable mesure qu'à l'alarme donnée aux ministres par le directeur du télégraphe. Il y a de quoi mettre en émoi la France entière. Je fais partir ma lettre par ordonnance pressée afin qu'elle vous parvienne avant le départ du courrier et que vous puissiez faire arrêter, s'il est possible, cet inconcevable mouvement. Plus je réfléchis et plus je demeure convaincu qu'il est le produit de la dépêche télégraphique de M. de Conseil. »

Nous ne pouvons nous porter juge de la question de savoir *si* dans cette affaire le directeur du télégraphe d'Habloville, le sous-préfet d'Argentan et même le ministre de la Guerre ne péchèrent pas par excès de zèle. Mais est-il surprenant que les simples habitants de nos campagnes, témoins de l'agitation fébrile des agents de l'administration et au milieu d'un déploiement inusité de la force armée, se voyant assaillis de tous côtés par des incendiaires invisibles, aient été alors saisis d'un affolement qui rappelle la conflagration générale qui éclata au mois de juillet 1789 dans des circonstances semblables et qui a tant contribué à accélérer d'une manière effrayante la marche de la Révolution.

L'incendie du 22 mai, dont l'auteur est resté inconnu, fit proposer la translation à Argentan de la *direction* télégraphique d'Habloville. Cette translation fut conseillée par M. des Moutis, sous-préfet: « Lors des troubles de 1801, disait ce fonctionnaire dans son rapport, le premier soin des insurgés fut de se porter au télégraphe d'Habloville et de le brûler. C'est par lui qu'ont commencé cette année les incendies qui ont épouvanté l'arrondissement d'Argentan et soulevé en vingt-quatre heures une population entière. Ce triste état de chose ayant amené des troupes à Argentan, j'ai pu placer au télégraphe un poste de chasseurs qui a rendu les communications possibles, quoique tardives. Privé de cette ressource, il faudra renoncer à ce moyen de correspondre entre Paris, les départements du Calvados, de la Manche, de l'Orne, de la Mayenne, de la Sarthe, etc. Le palais de justice d'Argentan, ancien édifice très élevé, devrait offrir une position convenable. La situation de cette ville à onze lieues d'Alençon, treize et demie de Caen, traversée en tous sens par des routes qui la font communiquer avec Lisieux, Mortagne, toute la Basse-Normandie, le Maine, la Bretagne, la rend on ne peut plus propre pour une rapide expédition de dépêches. En cas de troubles la direction serait en sûreté, tandis que dans l'isolement où elle se trouve elle peut être détruite en quelques instants. »

Nous lisons dans une étude publiée en 1909 par M. Henri Tournouër :

La translation proposée eut lieu, aucun trouble ne vint dès lors suspendre les communications de ce télégraphe. Pendant quinze années encore il fonctionna jusqu'au jour où, démodé, arriéré, supplanté, il dut céder la place à la découverte qui allait bouleverser le monde et donner aux relations tant commerciales que privées un si puissant essor.

Enfin nous prenons les renseigne-
ment qui suivent dans un article publié en 1885 par M. Eugène Vimont :

« L'ancien poste télégraphique d'Habloville est assez bien conservé, c'est une
construction carrée dont le côté mesure
4 m. 20 ; l'entrée est au sud et les escaliers sont à l'ouest. Le rez-de-chaussée
est pavé, on y voit une étroite cheminée,
un escalier en bois conduit au premier
étage qui est planchéié. Deux fenêtres,
l'une au sud, l'autre au nord éclairent
cette pièce. Deux escaliers conduisent
au second et dernier étage. Là, une large
fenêtre, disposée au sud, donnait jadis
accès à un balcon en bois au-dessus duquel étaient placés les appareils qui servaient à transmettre les signaux au
Repas et à Bailleul. De petites lucarnes
percées à l'est et à l'ouest permettaient
de diriger la lunette d'approche sur les
deux postes voisins.

La maison occupée anciennement par
le directeur est éloignée de 12 mètres
vers l'est ; elle comprend des salles très
vastes aux murs recouverts d'intéressantes boiseries sculptées.

D'après M. Lasnes, maire d'Habloville, les employés de ce télégraphe
n'étaient pas toujours très zélés ; parfois, souvent même, afin d'achever en
paix quelque partie de billard, ils télé-
graphiaient au poste du Repas : « Pas de

communication possible, brouillard sur Bailleul ! » Ensuite ils s'adressaient à celui de Bailleul : « Brumes sur le Repas, signaux invisibles ! » Et ceci fait nos bons employés retournaient paisiblement à leurs billes ! »

BAILLEUL

Ce télégraphe se trouvait sur un point culminant de la forêt de Gouffern, à 244 mètres d'altitude, à 1200 mètres de Bailleul et à 6 kilomètres d'Argentan. De cet endroit la vue s'étend fort loin ; on découvre au sud la vallée de l'Orne, la vaste plaine d'Argentan, la bruyère des Coudrayes, les bois de Momont et la chapelle de Saint-Michel-de-Gult; vers l'ouest les bois de Montgaroult et une partie du canton de Putanges, au nord et à l'est les bois de Saint-André, la vallée de la Dives et les prairies du Pays-d'Auge.

Le poste de Bailleul ne comprenait qu'un bâtiment isolé, de forme carrée. Le « Rapport » de 1803 constate que les agents établis depuis deux ans dans ce télégraphe n'ont cessé de jouir de la plus grande tranquillité. Ces employés faisaient le meilleur éloge des habitants des communes voisines. Ce bâtiment n'existe plus.

TOURNAY

La distance comprise entre le poste de Bailleul et celui de l'Egreffin étant supérieure à douze kilomètres on construisit un télégraphe à mi-chemin, au centre d'une vaste plaine calcaire, à 124 mètres d'altitude. Cette construction est aujourd'hui complètement disparue.

EGREFFIN

Ce poste était situé sur la butte de ce nom à 262 mètres d'altitude, au faîte des collines qui séparent les bassins de la Dives et de la Vie. Ce télégraphe, dont il ne reste que des débris informes, était à 3 kilomètres de Saint-Pierre, à 5 kilomètres de Chambois et à 6 kilomètres de Grandval.

GRANDVAL

Cette station aujourd'hui complètement disparue était placée au sommet d'une petite bruyère dominant les vallées de la Vie et de la Touques, à 270 mètres d'altitude. Le peu de solidité de ce bâtiment inspira souvent des craintes aux agents qui l'habitèrent, ceux-ci s'attendaient chaque jour à voir s'effondrer leur poste.

CHAUMONT

Ce télégraphe, dont il ne reste aucun vestige, se trouvait dans la partie la plus marécageuse de la forêt de Chaumont, sur la commune de Saint-Evroult-de-Montfort, à 308 mètres d'altitude.

La plupart de ces postes furent attaqués soit par des malfaiteurs, soit par des ennemis de la République, ainsi que l'indique la lettre suivante :

Paris, 18 Nivôse an VII.

Le Ministre de l'Intérieur à l'Administration télégraphique du département de l'Orne.

Citoyens, divers renseignements me sont parvenus sur les tentatives que font des malfaiteurs et des ennemis de la République pour brûler ou renverser vos postes télégraphiques.

Je ne puis vous exhorter avec trop d'instance à surveiller particulièrement ces nouveaux établissements si utiles au Gouvernement.

Vous voudrez bien vous concerter avec les agents militaires auxquels le Ministre de la Guerre en écrit, pour établir aux environs des stations télégraphiques, des patrouilles, soit de troupes de ligne, soit de garde nationale, soit de ces deux forces combinées. Vous voudrez bien aussi recommander aux administrations municipales et aux agents municipaux de vous seconder dans les mesures que les circonstances et les localités vous permettront de prendre ; et de plus recommander à la gendarmerie de veiller particulièrement sur les télégraphes dans ses tournées ordinaires et même d'en faire exprès lorsque vous les croirez nécessaires.

Je vous engage à m'instruire de ce que vous aurez fait à cet égard.

J'espère que les moyens que je vous indique, et ceux que vous y ajouterez, étant employés avec activité et zèle, préviendront les crimes, ou du moins assureront l'arrestation et la punition des coupables.

Salut et fraternité.

Sous le Directoire le service des li-

gnes télégraphiques se désorganisa complètement ; le Gouvernement n'étant plus en mesure de payer les employés ceux-ci donnaient leur démission avec un ensemble qui désespérait Claude Chappe :

« Depuis environ cinq mois, écrivait l'inventeur à cette époque, le service se désorganise par défaut de payement et par suite des remplacements qu'il faut faire des agents démissionnaires. Ce que reçoivent les agents est presque nul par la dépréciation du signe monétaire ; aussi ils ne mettent aucun zèle dans leurs fonctions. Quoiqu'aux termes des règlements les deux agents doivent rester au poste, il n'y en a le plus souvent qu'un qui fait traîner la correspondance. »

Dans le but d'améliorer cette lamentable situation, Chappe proposa des sources de recettes au Gouvernement en appliquant le télégraphe : 1° aux affaires d'industrie, de commerce et de banque ; 2° à l'exploitation d'un journal ; 3° aux opérations de la loterie nationale. De ces trois projets le dernier seul fut accepté. La loterie subvint dès lors aux dépenses de la plupart des lignes.

Mais les fatigues morales causées par les déceptions du début, la construction fiévreuse de nouvelles lignes télégraphiques, les nombreux soucis inhérents à de semblables entreprises, avaient peu à peu ébranlé la santé de l'inventeur. Chappe devint tout à coup inquiet, irritable et ne tarda pas à manifester tous les symptômes de l'hypocondrie, cette maladie des grandes intelligences fatiguées. Il tomba bientôt dans un abattement mélancolique qu'aucune distraction ne put dissiper. Le 23 janvier 1805 on trouva son corps au fond d'un puits dans le jardin de l'hôtel Villeroy à Paris. Chappe avait alors 42 ans. Il repose actuellement dans un coin retiré du cimetière de l'Est. Sa tombe est surmontée d'un modeste monument portant pour tout emblème un petit télégraphe aérien, humble souvenir des immenses services rendus par cet inventeur laborieux et désintéressé.

La télégraphie aérienne continua de se développer en France pendant une quarantaine d'années. Vers 1850 lorsque le télégraphe électrique se substitua au télégraphe Chappe en lui empruntant ses signaux, son personnel et une partie de ses règlements, les lignes aériennes comprenaient dix-neuf embranchements sur une longueur totale d'environ cinq mille kilomètres. Dans notre région les cinq villes suivantes étaient alors en communication directe avec Paris: Avranches, Cherbourg, Brest, Rennes et Nantes.

.·.

L'appareil Chappe, tout en rendant d'immenses services, laissait encore beaucoup à désirer. En hiver, il ne pouvait fonctionner que six heures par jour. La nuit on ne pouvait l'utiliser, on avait bien tenté d'effectuer des transmissions nocturnes en plaçant des lumières aux extrémités du régulateur et des indicateurs, mais en présence des résultats obtenus, on avait cru devoir abandonner ce projet. Ces inconvénients et d'autres encore disparaissaient avec le télégraphe électrique, ce dernier fit abandonner rapidement l'ancien système.

La première tentative faite en France, en vue de remplacer l'appareil Chappe par le télégraphe électrique, n'eut lieu qu'en 1844. Le nouvel appareil était employé depuis plusieurs années à l'étranger, lorsqu'on songea à l'expérimenter dans notre pays. Nos pères ne pouvaient se résoudre à voir disparaître leur vieux télégraphe aérien, aussi les adversaires de la nouvelle invention furent-ils plus nombreux en France que partout ailleurs ; le docteur Guyot écrivait à cette époque :

Non, la télégraphie électrique n'est pas une invention sérieuse. Elle sera toujours à la merci des plus légères agitations ; de jeunes fous, des ivrognes, des vagabonds, etc., et, voilà autant d'agents de destruction, auxquels la télégraphie électrique oppose quelques mètres de fil, un terrain ouvert et une surveillance impossible. Un seul homme, en un seul jour, pourra, sans être vu, couper tous les fils télégraphiques aboutissant à Paris, et en vingt-quatre heures couper sur dix points tous les fils d'une même ligne sans être arrêté. La télégraphie aérienne, au contraire, à ses tours, ses murailles, ses portes gardées à l'intérieur par des hommes vigoureux, armés de fusils. Sur six cents insurgés, la moitié acceptera avec joie la mission d'aller couper les fils du télégraphe électrique, tandis que l'attaque d'une simple porte en chêne derrière laquelle se trouvent deux hommes, dont l'assassinat doit entrer dans les prévisions des assaillants, inspirera toujours un tel effroi que sur ces mêmes six cents hommes, il ne s'en trouvera pas deux qui veuillent exécuter une pareille entreprise ; oui, je le dis bien haut, la substitution du télégraphe électrique au télégraphe aérien, est une mesure déplorable, un véritable acte d'idiotisme! »

Pour condescendre au désir de ceux qui préconisaient l'ancien système, on fit en France reproduire tout d'abord au télégraphe électrique, les signaux de l'appareil Chappe. Les résultats qu'on obtint avec ce modèle électro-aérien furent si peu satisfaisants, que l' « appareil français » fut rapidement abandonné. Le télégraphe à cadran qui en dérivait ne tarda pas à subir le même sort. Il fallut, bon gré mal gré, faire comme tout le monde.

Pendant quelques années, le système aérien fonctionna sur certains points concurremment avec le télégraphe électrique, mais cette lutte inégale prit irrévocablement fin en 1856, année pendant laquelle le dernier poste fut supprimé.

Presque tous les anciens télégraphes, compris dans la division d'Argentan, furent détruits de 1854 à 1856 ; les matériaux provenant de leur démolition et le mobilier existant dans ces postes furent vendus, soit sur place, soit à la mairie de la commune la plus rapprochée. Ces ventes s'effectuaient en présence du receveur des domaines, elles étaient annoncées au public par les crieurs et par des affiches. L'appareil télégraphique d'Habloville fut vendu à Putanges, le 20 avril 1854.

Le 11 octobre 1855 l'Etat mit en adjudication, le terrain et le corps de bâtiment du poste (1).

(1) Cette vente fut annoncée par l'affiche ci-dessous reproduite :
Vente de biens de l'Etat :
1. Maison à Alençon ;
2. Poste télégraphique aérien supprimé de Landigou (sol et construction);
3. Poste télégraphique aérien supprimé de Tournay-sur-Dives (id.) ;
4. Poste télégraphique aérien supprimé d'Habloville (id.) ;
5 Poste télégraphique aérien supprimé de Grandval, commune de Mardilly (id.).
Vente pour Habloville le jeudi 11 octobre 1855, devant le Maire, délégué par le Préfet.
Le terrain sur lequel a été construit le poste télégraphique aérien supprimé d'Habloville, situé dans la commune de ce nom et appartenant à l'Etat, est entouré de haies et de fossés

Ce fut M. de Caulaincourt, propriétaire du château du Jardin, qui s'en rendit acquéreur moyennant sept cents francs et qui plus tard les mit à la disposition de l'abbé Vauloup autorisé en 1870 par l'évêque de Sées, à fonder un orphelinat de garçons sur la commune d'Habloville.

L'emplacement est aujourd'hui la propriété de M. Guy Dauger, petit-fils de M. de Caulaincourt.

Notre bon poète Gustave Nadaud ne voulant pas laisesr disparaître le vieux télégraphe aérien sans lui adresser quelques paroles d'adieu, composa l'amusante chanson qu'on va lire :

et formé un carré presque régulier; il a accès sur le chemin vicinal d'Habloville à la Courbe et il contient 15 ares environ. Au côté N. de ce terrain se trouve un puits mitoyen avec le fonds voisin et près de ce puits un petit bâtiment qui appartient à l'Etat ainsi que le bâtiment principal.

La mise à prix du sol et des bâtiments sera de 675 francs.

Alençon, 6 sept.   Alençon, 3 sept. 1855.

Approuvé par le Préfet,   Le Dir^r des Domaines,
Baron JEANNIN.   BAUNY DE PRECY.

(Archives de l'Orne, Q. Domaines).

LE VIEUX TÉLÉGRAPHE

Que fais-tu, mon vieux télégraphe,
Au sommet de ton vieux clocher,
Sérieux comme une épitaphe,
Immobile comme un rocher !
Hélas ! comme d'autres peut être,
Devenu sage après la mort.
Tu réfléchis, pour les connaître,
Aux nouveaux caprices du sort.

C'est que la vie est déplacée,
Les savants te l'avaient promis,
Et toute royauté passée
N'a plus ni flatteurs ni d'amis.
Autrefois, tu faisais merveille,
Et nous demeurions tous surpris.
De voir, en un seul jour, Marseille
Envoyer deux mots à Paris

Tu fus l'énigme de notre âge..
Nous voulions, enfants curieux,
Deviner ce muet langage,
Qui semblait le parler des dieux,
Lorsque tes bras cabalistiques,
Lançaient à l'horizon blafard
Les mensonges diplomatiques,
Interrompus par le brouillard !

Maintenant, en une seconde,
Le Nord cause avec le Midi ;
La foudre traverse le monde,
Sur un brin de fer arrondi,
L'esprit humain n'a point de halte,

Et tu restes debout et seul,
Ainsi qu'un chevalier de Malte,
Pétrifié dans son linceul !

Tu te souviens des diligences,
Qui roulaient jadis devant nous,
Portant écoliers en vacances,
Gais voyageurs, nouveaux époux ;
Tu ne vois plus, au clair de lune,
Aux rayons du soleil levant,
Passer tes sœurs en infortune,
Qui jetaient leur poussière au vent !

Ainsi s'éteignent toutes choses
Qui florissaient au temps jadis ;
Les effets emportent les causes,
Les abeilles sucent les lis !
Ainsi chaque règne décline.
Et les romans de l'an dernier,
Et les jupons de crinoline,
Et les astres de Le Verrier !

Moi je suis un pauvre trouvère,
Ami de la douce liqueur,
Des chants joyeux sont dans mon verre,
J'ai des chants d'amour dans le cœur,
Mais à notre époque inquiète,
Qu'importent l'amour et le vin ;
Vieux télégraphe, vieux poète,
Vous vous agiterez en vain !

Puisque le destin nous rassemble,
Puisque chaque mode a son tour,
Achevons de mourir ensemble,

Au sommet de ta vieille tour,
Là, comme deux vieux astronomes,
Nous regarderons fièrement
Passer les choses et les hommes,
Du haut de notre monument.

Brid'oison disait vrai : en France
tout finit par des chansons !

Le télégraphe électrique est une application de la loi suivante : « Si l'on enroule autour d'une lame de fer doux un fil de cuivre recouvert de soie et que dans ce fil on fasse passer un courant électrique, la lame de fer doux devient immédiatement un aimant artificiel. Si l'on interrompt le courant, le fer doux perd aussitôt son aimantation ».

La première application de l'électro-aimant à la télégraphie est due au professeur Samuel Morse ; cet Américain conçut, dit-on, l'idée primordiale de son appareil en effectuant la traversée du Havre à New-York.

Voici, brièvement exposé, le principe de la télégraphie électrique, dans ce qu'il a d'essentiel :

Un électro-aimant est en rapport par les deux extrémités de son fil avec une pile électrique. Au-dessus de cet électro-aimant, est suspendue, par un faible ressort, une armature de fer. Si l'on tient éloignée de la pile l'une des extrémités du fil, l'électro-aimant reste inactif. Mais si l'on appuie sur le pôle libre de la pile l'extrémité libre du fil, il se produit un courant et l'armature est attirée. Aussitôt que le courant ne passe plus, l'armature est ramenée par le ressort dans sa position primitive.

La pile et l'électro-aimant peuvent être à une grande distance l'un de l'autre ; quelle que soit la distance qui les sépare, à l'instant où les deux extrémités du fil toucheront les deux pôles de la pile, l'armature sera attirée.

Avec ce dispositif, il est facile de produire des contacts de différentes durées ; les signaux sont des combinaisons de contacts longs ou courts : la lettre A, par exemple, est représentée par un contact court suivi d'un long, la lettre B, par un long suivi de trois courts, etc.

Cet appareil rudimentaire exige

l'emploi de deux conducteurs, il peut être considérablement simplifié, car un seul fil devient suffisant lorsqu'on fait communiquer avec le sol les deux extrémités du circuit.

Dans l'appareil Morse, les contacts sont écrits sous forme de traits et de points sur une bande de papier qui se déroule au-dessus de l'armature.

Un poste télégraphique comprend: une pile, dont un pôle communique avec le sol, et l'autre avec le manipulateur, appareil servant à composer les signaux ; un récepteur qui écrit la transmission du poste correspondant ; des paratonnerres destinés à préserver les appareils de la foudre ; un galvanomètre, sorte de boussole indiquant, par la déviation de son aiguille, le passage du courant ; un commutateur servant à changer la direction de celui-ci ; enfin, une sonnerie électrique pour appeler le correspondant.

Le fil de la ligne est généralement un fil de fer galvanisé. Il est supporté de distance en distance par des crochets isolés dans des godets de porcelaine ou de verre. La pile est formée d'éléments capables de produire un courant d'une intensité constante et durable ; la pile Callaud est la plus employée.

La télégraphie électrique, n'apparut dans notre région que vers 1852. La nouvelle invention était alors à l'ordre du jour ; on en était enthousiaste jusque dans les théâtres ; une comédie intitulée « Le télégraphe électrique », obtient en effet, en 1852, un succès retentissant sur la scène du Palais-Royal.

Une ligne reliant Alençon, Le Mans, Laval, Rennes et Saint-Brieuc, fut construite vers cette époque ; lors de son installation, l'avis suivant fut affiché dans la ville d'Argentan :

Administration
des lignes télégraphiques

MM. Les propriétaires des forêts de pins, de sapins ou de mélèzes, sont prévenus que l'établissement des lignes télégraphiques exige l'emploi de poteaux des dimensions et dans les conditions suivantes :

1° Poteaux de 7 m. 50 de longueur,

0 m. 15 de diamètre à 1 m. de la base, et 0 m. 08 au moins à la partie supérieure.

2° Poteaux de 9 m. 50 de longueur, 0 m. 20 de diamètres à 1 m. de la base et 0 m. 08 au moins à la partie supérieure. Ces mesures sont prises sous l'écorce.

Les poteaux doivent être droits et sains et être fournis dans un chantier dans les 48 heures de la coupe, au plus.

La quantité de poteaux dont l'administration aurait besoin, serait de 4.200 de 7 m. 50 et 1.000 de 9 m. 50 à acheter en deux ou trois points sur les lignes de Chartres à Saint-Brieuc, par Le Mans, Laval et Rennes et du Mans à Alençon, le plus près possible des routes qui unissent ces villes.

S'adresser, pour faire des offres et pour plus amples renseignements, à M. l'administrateur en chef des lignes télégraphiques, à Paris.

La ligne de Paris à Cherbourg fut construite également vers 1852, elle transitait par Evreux et Caen.

Après avoir été mis en communication avec le chef-lieu du département de l'Orne, Argentan fut en 1861 relié à Domfront, par une ligne transitant par Flers. La même année, Alençon fut relié à Mortagne.

En 1862, un embranchement relia La Ferté-Macé à la ligne d'Argentan à Flers, cet embranchement s'arrêtait à Briouze.

En 1864, un conducteur électrique fut établi entre Argentan et Vimoutiers, cette nouvelle ligne transitait par Trun.

Nous extrayons les articles suivants de l'arrêté préfectoral, affiché dans Argentan, lors de la construction de cette dernière ligne :

« Art. 1. — Les agents du service télégraphique sont autorisés à procéder à toutes les opérations nécessaires pour l'établissement d'une ligne télégraphique d'Argentan à Vimoutiers, par Trun ; à pénétrer dans les propriétés closes, selon que l'exigeront leurs études ou leurs travaux... »

« Art. 2. — Les poteaux à placer le long de la route, seront établis de manière à ne pas entraver la circulation et à porter le moins de préjudice possible aux plantations des ponts et chaussées... »

« Art. 3. — Les propriétaires riverains sont mis en demeure de couper et d'élaguer les plantations qui, sur une hauteur de 7 m. 50 au-dessus du sol de la route, présenteraient des branches en saillie sur l'arrête extérieure du fossé ou des talus et pourraient toucher au fil du télégraphe ».

« Art. 6. — Dans les villes et villages, afin de ne pas obstruer la voie par des poteaux, il pourra être établi sur les maisons et constructions particulières, partout où cela sera jugé nécessaire, des supports destinés à soutenir les fils, sauf à réparer les dégradations et sans préjudice de tous droits et indemnités à faire valoir par les propriétaires intéressés ».
Etc.

A partir de cette époque, les lignes se multiplièrent dans le département de l'Orne. Voici la liste des principaux bureaux télégraphiques, qui sont aujourd'hui en communication directe avec celui d'Argentan :

Alençon.
Almenèches.
Boucé.
Le Bourg-St-Léonard.
Caen.
Chambois.
Exmes.
Ecouché.
Flers.
Falaise.
Gacé.
Gare d'Argentan.

Habloville.
Lisieux.
Merlerault.
Mortrée.
Nonant.
Nécy.
Paris.
Le Pin-au-Haras.
Putanges.
Sassy.
Saint-Pierre-la-Rivière.
Le Sap.
Ticheville.
Tanville.
Trun.
Vimoutiers.

Jusqu'en 1850, le télégraphe ne servit en France qu'à la transmission des correspondances officielles. La loi du 30 novembre 1850, tout en respectant le privilège gouvernemental, décida que dorénavant il serait permis, moyennant rétribution, « à toute personne dont l'identité serait rigoureusement établie, de correspondre au moyen du télégraphe électrique de l'Etat par l'intermédiaire des fonctionnaires de l'administration. » Le tarif fut établi de la manière suivante: « Droit fixe de 3 francs pour toute dépêche de 1 à 20 mots, plus 12 centimes par myriamètre. Au-dessus de 20 mots, augmentation d'un quart pour chaque dizaine ou fraction de dizaine supplémentaire. Augmentation de 50 0/0 pour les dépêches de nuit. Enfin, port à domicile fixé à 0 fr. 50 centimes en province et 1 fr. pour Paris.

Ce tarif subit dans la suite de nombreuses modifications. La constatation rigoureuse de l'identité souleva de très vives protestations. Nous extrayons les lignes suivantes d'un amusant article publié à cette époque dans l'*Univers*.

..... Enfin, je débarque, mais il est trop tard pour prendre le chemin de fer ; je brûle d'arriver à Paris où ma famille inquiète m'attend avec une vive impatience. Je veux au moins lui apprendre mon arrivée et cours au bureau du télégraphe. Un personnage compassé, qui se croit administrateur parce qu'il est tracassier me tient à peu près ce langage : « Avez-vous votre passeport ! — Il est entre les mains des bons gendarmes. — Avez-vous une autorisation de M. le maire pour vous servir du télégraphe ? — Le maire doit être couché.

— Avez-vous le certificat de deux notables constatant que vous êtes irréprochable dans vos mœurs ? Etes-vous assisté de deux témoins pour établir votre identité ? — J'étais, il y a deux heures, en pleine mer, et je ne connais personne ici ! — En ce cas, Monsieur, repassez demain ».

Et, si le lendemain, muni de tous les papiers voulus, je m'obstine à vouloir user de cette voie expéditive, il me faut écrire ma dépêche sur un certain papier, la recopier sur un certain registre, apposer ma signature sur plusieurs livres à souche (il y a beaucoup de souches dans ces bureaux) ; puis mon billet attendra son tour. J'aurai le temps d'être à Paris avant que ma dépêche, portée sur l'aile de la foudre, y pût arriver.

Il y avait certainement beaucoup d'exagération dans ces critiques, mais il est vrai que la justification de l'identité a toujours été considérée par le public comme une mesure essentiellement vexatoire. Aussi sa suppression fut-elle accueillie plus tard avec une vive satisfaction tant par les particuliers que par les agents eux-mêmes. La loi du 30 novembre 1850 permit à l'Etat de rentrer dans une partie de ses débours, tout en le mettant à même de développer rapide-

ment son réseau et de tenir son matériel au niveau des dernières découvertes. Elle a donné au télégraphe
électrique un caractère absolument
inconnu au télégraphe aérien. La télégraphie actuelle n'est plus comme
sa devancière un instrument politique, elle appartient à tous et sa rapidité tient du prodige. Mais ce qui la
distingue surtout de la télégraphie
aérienne, c'est son caractère scientifique. Elle a pour fondements les lois
et les propriétés de l'Electricité ;
chaque découverte nouvelle de la
physique peut devenir pour elle une
source féconde de perfectionnements.
L'appareil Chappe, non sujet aux
améliorations, devait fatalement tomber dans l'abandon ; la télégraphie
électrique, au contraire, ne peut que
grandir avec les progrès de la science
et étendre de jour en jour son immense réseau.

(Fin).

ALENÇON. — IMPRIMERIE A. COUESLANT. — 2.687

9 782019 215514

AF401246

1920

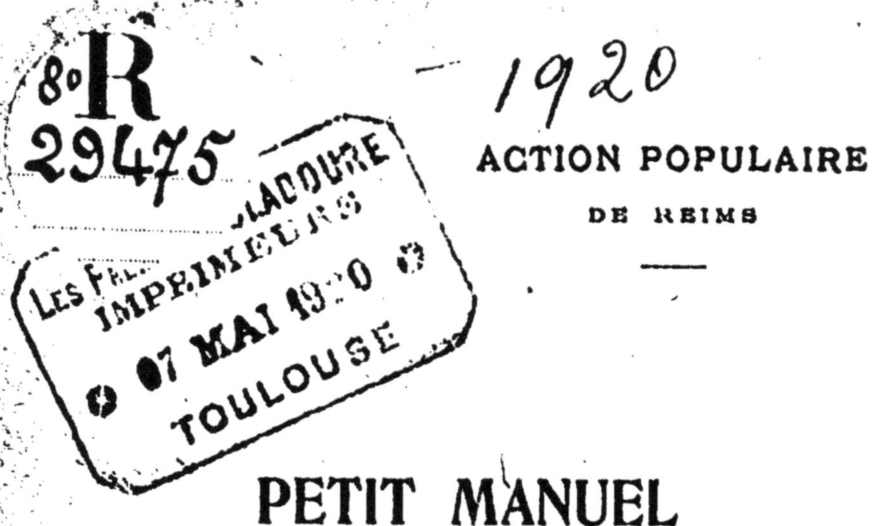

ACTION POPULAIRE
DE REIMS

PETIT MANUEL

d'Éducation Syndicale

(Édition pour l'Alsace et la Lorraine.)

PARIS

ACTION POPULAIRE
31, rue Saint-Didier (16e).

Tous droits réservés.

Prix net : 1 franc,
franco.

PETIT MANUEL

d'Éducation Syndicale

(Édition pour l'Alsace et la Lorraine.)

PARIS

ACTION POPULAIRE

51, rue Saint-Didier (16e).

Tous droits réservés.

Prix net : **1** franc,

franco.

DÉCRET rendant applicables, en Alsace et en Lorraine, les dispositions de la loi du 21 mars 1884 sur les syndicats professionnels (Journal Officiel *du 5 décembre 1919*) :

ARTICLE PREMIER. — Les articles 1 à 10 inclus de la loi métropolitaine du 21 mars 1884 sont déclarés applicables dans les territoires d'Alsace et de Lorraine.

ART. 2. — Il n'est en rien dérogé par cette introduction aux dispositions de la législation sur les associations, les corporations (*Innungen*) et les associations coopératives agricoles actuellement en vigueur en Alsace et Lorraine.

ART. 3. — Le Président du Conseil, ministre de la guerre, est chargé de l'exécution du présent décret, qui sera soumis à la ratification des Chambres [1] et publié au *Journal Officiel* de la République française, au *Bulletin des lois* et au *Bulletin officiel d'Alsace et de Lorraine*.

Fait à Paris, le 3 décembre 1919.

R. POINCARÉ.

1. Le projet de loi portant ratification du décret du 3 déc. 1919 a été déposé. (Voir *Journal Officiel* du 6 février 1920, doc. parlem. Chambre, au n° 92, p. 89.)

I

L'ORGANISATION CORPORATIVE

Qu'est-ce qu'un syndicat ?

Le syndicat est une association libre de personnes exerçant la même profession ; il a pour but l'étude et la défense des intérêts communs et l'organisation professionnelle.

Avec quoi ne faut-il pas confondre le syndicat ?

Il ne faut le confondre :

Ni avec un *groupement de circonstance* : entente, coalition en vue d'une manifestation, d'une grève par exemple. Le syndicat n'est pas une organisation temporaire ; c'est une institution stable, à durée illimitée ;

Ni avec une *œuvre d'assistance et de charité*, à laquelle on va demander un secours, une aumône plus ou moins déguisée. Cela ne veut pas dire que le syndicat ne rend pas des services : mais il rend ses services de telle façon que ses adhérents n'ont pas besoin de secours ;

Ni avec une *œuvre religieuse* : il ne doit s'occuper, d'après la loi, que des intérêts professionnels. Toutefois, dans l'étude et la défense de ces intérêts, les syndiqués ne peuvent pas ne pas s'inspirer des principes du christianisme qui président à toute la vie humaine. Rien même ne les empêche d'avoir, à côté du syndicat

— 4 —

exclusivement professionnel, une confrérie religieuse [1], mais l'un n'est pas l'autre; chacun a ses statuts et sa vie propre;

Ni avec une *société commerciale* : il ne doit pas faire acte de commerce, c'est-à-dire acheter pour revendre et réaliser par là des bénéfices; mais il lui est permis de fonder, en se conformant aux lois, par exemple une société commerciale, ou bien une coopérative de consommation : société commerciale et coopérative auront leurs statuts distincts, leur vie propre et indépendante.

Que faut-il entendre par **Union** *et* **Fédération** *de* **syndicats ?**

On appelle d'ordinaire *Union* de syndicats un groupement de syndicats de professions différentes, mais d'une même ville ou région, qui se rapprochent et s'entendent pour défendre des intérêts communs et organiser ensemble des services communs.

On appelle *Fédération* un groupement de syndicats de la même profession, mais ayant leur siège social en des villes ou régions différentes.

On appelle *Confédération* ou *Centrale Syndicale* soit la fédération des fédérations, soit la fédération des unions d'un même pays. — *La Fédération des syndicats indépendants d'Alsace et de Lorraine* (Strasbourg, 20, rue de Hoenheim), groupe des syndicats de toutes professions : elle est la *Centrale syndicale* régionale pour l'Alsace et la Lorraine.

1. Il est spécialement recommandé aux ouvriers catholiques d'entrer dans les groupements, cercles ou associations organisés en vue de la culture religieuse de leurs membres

On appelle *Internationale syndicale* une association de Confédérations ou Centrales nationales.

Ces groupements superposés et hiérarchisés ont pour but d'amplifier et de renforcer l'action commune. Ils valent ce que valent leur esprit et leurs tendances sociales.

A côté de l'Internationale des Syndicats socialistes, il existe l'Internationale des Syndicats chrétiens, qui a élaboré, elle aussi, à l'occasion de la Conférence de la Paix, un projet de Charte internationale du travail.

Le syndicat est-il une nouveauté en France ?

Les associations de métiers sont presque aussi anciennes que les métiers eux-mêmes. On les appelait autrefois *Corporations*. A cause de certains abus, qu'il eût été d'ailleurs possible de corriger, la grande Révolution commit, en 1791, la lourde faute de les supprimer. Cette suppression a été l'origine de bien des souffrances pour les ouvriers, qui furent abandonnés sans protection au jeu parfois brutal des lois économiques.

Pendant le dix-neuvième siècle, malgré les interdictions de la loi et les poursuites judiciaires, les corporations essayèrent de se reconstituer ; elles prirent le nom et la forme de syndicats, soit ouvriers, soit patronaux, soit mixtes, c'est-à-dire composés de patrons et d'ouvriers.

M. de Mun, l'un des principaux chefs de l'École sociale catholique, fut, en France, l'ardent propagateur de l'idée syndicale et corporative.

Le syndicat est-il autorisé par la législation ?

Oui, depuis la loi du 21 mars 1884, votée malgré l'opposition violente des socialistes.

Cette loi, longtemps attendue, n'a fait que recon-naître un droit conforme à la nature.

En effet, les hommes sont portés à s'associer. De cette propension naturelle, comme d'une racine commune, naissent la société civile d'abord, puis, au sein même de celle-ci, d'autres sociétés qui, pour être restreintes et imparfaites, n'en sont pas moins des sociétés véritables. Entre ces sociétés privées et la société civile de l'État, il y a de profondes différences : les premières ne visent que l'utilité particulière de leurs membres, tandis que la seconde — l'État — embrasse l'universalité des citoyens et vise le bien général.

L'État ne peut, en principe, refuser l'existence aux sociétés privées : il n'aurait ce droit que dans le cas où ces sociétés, en vertu même de leurs statuts, poursuivraient un but en opposition flagrante avec la probité, la justice, la sécurité publique ; et encore ne devrait-il agir qu'avec la plus grande circonspection.

Le syndicat, soit patronal, soit ouvrier, est une de ces sociétés privées dont le droit à l'existence est indéniable. L'État doit, non seulement l'autoriser, mais le protéger, sans s'immiscer pourtant dans sa vie intérieure et son administration.

Libres de se syndiquer, employeurs et employés sont également libres de se donner les statuts et règlements syndicaux qui leur paraissent les mieux appropriés au but poursuivi.

Par ce qui précède, on se rend compte de la grave injustice commise par les révolutionnaires de 1791, qui frappèrent de mort les corporations professionnelles.

Dans la doctrine sociale chrétienne, le syndicat n'a-t-il pas un but très déterminé ?

Dans la doctrine sociale chrétienne, le syndicat a pour but principal l'organisation de la profes-

'sion elle-même : ainsi, il n'est pas seulement une force de défense au service d'intérêts particuliers, il est une *force d'ordre* au service des intérêts généraux de la nation.

Qu'est-ce qu'une *profession organisée* ?

On dit que la profession est organisée lorsqu'un ou plusieurs syndicats groupant l'ensemble des ouvriers, un ou plusieurs syndicats groupant l'ensemble des patrons, sont reliés entre eux par la *commission mixte* intersyndicale, dont on parlera plus loin.

La profession organisée n'est autre chose que la *Corporation* professionnelle.

Quel est le rôle de la Corporation ?

Tandis que le syndicat considère surtout les intérêts particuliers d'une classe. classe ouvrière ou classe patronale, la corporation a pour objet les intérêts généraux de la profession, dont la prospérité importe non seulement aux patrons et ouvriers, mais à la vie économique du pays tout entier.

La corporation défend les intérêts généraux de la profession en organisant l'apprentissage et l'enseignement technique, en ouvrant les bureaux paritaires de placement (on entend par là des bureaux placés sous le contrôle de délégués patronaux et de délégués ouvriers en nombre égal), en élaborant les coutumes et règlements professionnels, en créant des institutions d'assurance, en représentant la profession auprès des pouvoirs publics.....

On a proposé de créer à côté de la Chambre des

Députés, qui représente les intérêts généraux de la nation, une seconde Chambre ou Sénat, où siégeraient les représentants des intérêts professionnels.

Le but immédiat de la corporation est la solution de la question sociale. Elle la résoudra dans la mesure où elle fera l'union du Capital et du Travail, c'est-à-dire dans la mesure où elle réussira à établir de bons et pacifiques rapports entre les employeurs et les employés, les ouvriers et les patrons.

Il va sans dire que tant que la corporation n'est pas organisée, il appartient au syndicat de répondre aux nécessités les plus urgentes de la vie professionnelle.

Quelle sera la garantie des bons rapports entre patrons et ouvriers ?

La meilleure garantie sera un bon contrat de travail, consciencieusement élaboré par les intéressés.

II

LE CONTRAT DE TRAVAIL

Qu'est-ce que le contrat de travail ?

C'est un contrat par lequel l'employé, l'ouvrier, met, dans certaines conditions déterminées, sa force de travail, son activité, au service d'un patron ou employeur, en échange d'une rémunération appelée salaire, traitement, etc.

Le travail de l'ouvrier peut-il être comparé à une marchandise ordinaire ?

Non, et voici pourquoi :

L'ouvrier ne met pas au service du patron sa force physique seulement, mais son être même tout entier, c'est-à-dire aussi sa dignité d'homme, sa personnalité morale, ayant une destinée surnaturelle : le travail et la personne du travailleur sont inséparables, indissolublement liés. Il en résulte que le travail doit être traité avec le même respect que le travailleur. Le travailleur n'étant pas une marchandise, le travail ne l'est pas non plus.

Ce sentiment de respect à l'égard du travailleur et du travail est d'origine chrétienne. Le paganisme a toujours méprisé le travail manuel. Avant Jésus-Christ, toute la vie économique du monde païen reposait sur l'esclavage, c'est-à-dire sur le mépris de l'homme pour l'homme, sur la possession et l'exploitation de l'homme par l'homme.

Comment doit se manifester le respect dû au travail et au travailleur ?

L'employeur ne devra pas se contenter de remplir les stipulations matérielles du contrat de travail ; il se rendra compte qu'il manquerait non seulement à l'humanité et à la charité mais à la justice, s'il imposait à l'ouvrier, à l'ouvrière, à l'apprenti un travail excédant les limites de leurs forces, s'il entravait leur liberté religieuse en les obligeant à trangresser la loi divine du repos dominical, s'il introduisait dans son établissement des conditions de travail, des coutumes incompatibles avec la moralité.

Comment doit s'établir le contrat de travail ?

Pour présenter toutes les garanties, le contrat de travail ne devrait s'établir qu'après une discussion où patron et ouvrier, traitant d'homme à homme, c'est-à-dire d'égal à égal, auraient librement présenté leurs conditions et librement défendu leurs intérêts respectifs.

De quelle égalité s'agit-il entre patron et ouvrier ?

Il s'agit de l'égalité *contractuelle.*

Au moment où le patron et l'ouvrier discutent le contrat de travail ils ont des droits égaux, parce qu'ils ont à régler entre eux une question de justice stricte, devant laquelle toute inégalité de condition doit s'effacer.

Le contrat formé, il y aura subordination entre le patron et l'ouvrier; il y aura donc un chef et un subordonné; l'un commandera et l'autre devra obéir, bien entendu dans les limites fixées par les clauses expresses ou tacites du contrat; mais cette inégalité cessera dès qu'il s'agira de renouveler ou de modifier d'un commun accord les clauses du dit contrat : au cours de ce débat, il n'y a encore ni inférieur, ni supérieur, mais, en présence, deux hommes égaux en droits.

Pratiquement, le contrat de travail s'établit-il selon les principes posés plus haut?

Oui, en général, dans la petite industrie, le petit commerce, le service domestique; le petit patron qui embauche un ouvrier, un employé, discute personnellement avec lui et d'égal à égal les conditions du contrat.

Dans la grande industrie, cette liberté de discussion est pratiquement impossible. Le patron, qui est souvent une Société anonyme, emploie des centaines ou des milliers d'ouvriers. Comme il n'est pas possible de régler avec chacun d'eux personnellement les conditions du travail, un contrat-type est établi qui est proposé à tout travailleur demandant à s'embaucher. C'est, comme on dit, à prendre ou à laisser.

Si les conditions offertes lui paraissent largement suffisantes, l'ouvrier accepte, et cette adhésion se passe de discussion. Donnée librement et sans arrière-pensée, non seulement elle sert de base à un contrat vraiment juste, mais elle inaugure, entre les contractants, une ère de confiance et de bonne entente.

Si les conditions proposées sont, de fait, insuffisantes

à faire vivre l'ouvrier sobre et honnête, il est bien évident que, celui-ci les eût-il acceptées, elles ne pourront jamais donner lieu à un contrat qui soit juste, bien moins encore à une entente pacifique et durable.

Reste le cas où les conditions du contrat-type étant, à la rigueur, suffisantes au minimum vital de l'ouvrier, celui-ci les estimerait raisonnablement inférieures à la valeur de son travail. Dans ce cas, dira-t-on, il reste libre de refuser, mais cette liberté n'est que théorique : manquant d'avances, il a un besoin immédiat de salaire, alors que l'employeur n'a pas, d'ordinaire, un besoin immédiat de ses services. Aurait-il la ressource d'aller frapper à une porte voisine, qu'il n'en serait pas plus avancé : à cette porte voisine, on ne lui ferait probablement pas des propositions plus avantageuses. Il acceptera donc, mais à contre-cœur et dans le secret espoir de voir réviser un jour ce contrat qui le sousestime. Et voilà semé un germe de discorde qui, multiplié par cent ou par mille dans l'enceinte d'une même usine, y tuera l'esprit de concorde?

Comment rendre à la discussion du contrat les garanties nécessaires?

Puisqu'on ne peut raisonnablement exiger du patron qu'il entre en discussion et tombe d'accord avec chacun de ses nombreux ouvriers et employés, on tournera la difficulté en remplaçant ces centaines ou ces milliers de discussions et d'accords individuels par un débat unique entre le patron et les *délégués* du personnel. L'objet de l'accord sera, précisément, le contrat-type établi jusque-là par le patron seul.

Si les délégués du personnel sont des gens doués d'un sens droit et de la compétence économique nécessaire, ils mèneront certainement la négociation à bonne fin.

Le contrat-type qui sortira de la discussion s'appellera *contrat collectif*.

Qu'entendez-vous par contrat collectif?

C'est un contrat relatif aux conditions du travail conclu entre, *d'une part*, les représentants d'un syndicat professionnel ou de tout autre groupement d'employés, et *d'autre part*, les représentants d'un syndicat professionnel ou de tout autre groupement d'employeurs ou plusieurs employeurs contractant à titre personnel, ou même un seul employeur.

Il détermine les engagements pris par chacune des parties envers l'autre partie et, notamment, certaines conditions auxquelles doivent satisfaire les contrats de travail individuels ou d'équipe que les contractants passent, soit entre eux soit avec des tiers, pour le genre de travail qui fait l'objet de la convention.

On dit de ce contrat qu'il est *collectif*, parce qu'il s'applique à un ensemble ou collectivité d'employés et souvent à une collectivité d'employeurs.

Il tend, de sa nature, à s'appliquer à tous les établissements d'une même profession et d'une même région et à devenir la loi des rapports professionnels entre syndicats patronaux et ouvriers. C'est un bon instrument d'ordre et de concorde.

La loi du 25 mars 1919 (*J. off.*, 28 mars) en a fixé l'armature juridique.

Dans l'organisation corporative, à qui revient la charge d'établir le contrat collectif?

A la Commission mixte.

Qu'est-ce que la Commission mixte ?

C'est la réunion des représentants ou délégués des syndicats patronaux et des syndicats ouvriers appartenant à une même profession. Les Commissions mixtes peuvent être ou nationales, ou régionales, ou locales.

Que fait la Commission mixte ?

Elle met en contact et en communication permanente les employeurs et les employés ; elle élabore, rédige et signe les contrats collectifs qu'elle a soin de tenir à jour au moyen de retouches successives afin d'écarter, autant que possible, toute cause de mécontentement, tout danger de conflit.

Elle est la soupape de sûreté de la grande machine du travail.

Si, malgré son esprit de prévoyance et de conciliation, elle n'avait pu empêcher un conflit, une grève, du moins elle serait là pour organiser, entre les parties en lutte, un arbitrage qui ramènerait la paix.

C'est, en définitive, sur la Commission mixte que, dans une industrie donnée, repose la paix sociale.

S'il existait partout des Commissions mixtes remplissant leur fonction avec une conscience éclairée, la concorde règnerait entre le Capital et le Travail, les réformes se feraient les unes après les autres sans arrêt et sans heurt, à la satisfaction de tous, car elles se feraient par voie contractuelle, au moyen d'ententes amiables.

Quels sont les avantages du contrat collectif ?

Réglant avec précision et pour une période

déterminée toutes les conditions du travail, il organise la permanence des engagements et crée ainsi une stabilité qui est très favorable au développement de l'industrie.

Dorénavant, le patron établira avec moins d'incertitude ses prix de revient : il sait, en effet, exactement ce qu'il déboursera en salaires. Quant aux ouvriers, ils n'auront plus à craindre des changements imprévus dans leurs conditions de travail, par exemple, une réduction de salaire.

Tout étant bien défini, bien réglé, patrons et ouvriers ne vivront plus sous la menace d'un conflit ; la grande misère des grèves sera écartée.

Si le contrat collectif est accepté et signé par les syndicats patronaux et ouvriers d'une profession dans toute une région, il offre le grand avantage de réduire la concurrence à de plus justes proportions. Les salaires étant unifiés, les ouvriers ne se disputeront pas le travail à coups de rabais et les patrons ne se feront plus la guerre entre eux aux frais des ouvriers.

Le contrat collectif est un instrument de concorde entre patrons et ouvriers, parce qu'il donne des bases justes et fermes à la collaboration du capital et du travail.

La concorde est-elle possible entre patrons et ouvriers ? N'ont-ils pas des intérêts foncièrement opposés ?

Entre patrons et ouvriers, il n'est aucune opposition foncière d'intérêts ; il y a, au contraire, une solidarité profonde des intérêts, parce que le sort du patron et le sort des ouvriers sont intimement liés au sort de l'industrie qui les fait vivre tous.

Que cette industrie marche bien, le patron fait de

beaux profits : il est donc en état de payer de bons salaires à ses ouvriers.

Que l'industrie marche médiocrement, le patron gagne peu et le voilà bien tenté de réduire les salaires.

Que l'industrie marche mal, le patron fait faillite ou ferme son établissement... et voilà les ouvriers sur le pavé...

Quand la source du profit patronal s'épuise, la source du salaire tarit: les deux n'en font qu'une. Les ouvriers ont donc grand intérêt à la prospérité de leur industrie; ils doivent désirer que leur patron gagne de l'argent; s'il en gagne, il agrandira son entreprise ou en organisera d'autres, et, la main-d'œuvre étant plus demandée, les salaires hausseront.

La *lutte des classes* entre patrons et ouvriers, grand dada des socialistes, est, à tout le moins, une grande erreur économique et sociale : elle n'aboutirait qu'à ruiner les ouvriers en ruinant les patrons.

Malgré la solidarité foncière qui unit patrons et ouvriers, n'y a-t-il pas un certain antagonisme d'intérêts qui les sépare?

Oui, il existe une certaine divergence d'intérêts dans la discussion du contrat de travail. Bien que le travail de l'ouvrier ne soit pas un article de commerce, une marchandise quelconque, mais l'opération d'un être raisonnable créé à l'image de Dieu, il subit par la force des choses, comme les marchandises ordinaires, certaines fluctuations de prix : cela tient à notre régime économique de libre concurrence, au jeu de la loi naturelle de l'offre et de la demande.

Alors que l'ouvrier a intérêt à vendre son

travail au plus haut prix, le patron a intérêt à l'acheter au plus bas prix. Les concurrents le serrant de près, le patron est, en effet, poussé à réduire le plus possible ses frais généraux. Mais, c'est ici précisément qu'intervient le syndicat — ou plutôt la Commission mixte — pour maintenir le prix du travail à un taux convenable en conciliant les intérêts divergents du patron et des ouvriers, dans un *juste contrat de travail*.

Qu'est-ce qu'un juste contrat de travail?

C'est le contrat, individuel ou collectif, qui, en échange d'un labeur consciencieux, assure aux ouvriers de justes conditions de travail et spécialement le juste salaire.

Qu'entendez-vous par juste salaire?

Le salaire pouvant se définir, *le prix du travail loué et employé par un entrepreneur*, on conçoit qu'il sera d'autant plus juste que ces deux éléments *prix* et *travail* correspondront plus exactement l'un à l'autre.

Le juste salaire c'est, *pratiquement*, le salaire qui est déclaré tel par l'estimation commune des patrons et des ouvriers de la profession et de la région.

N'est donc pas nécessairement juste salaire, le salaire que fixeraient seuls les patrons, ni celui que fixeraient seuls les ouvriers. De là, la nécessité de recourir à la Commission mixte pour que les uns et les autres arrivent à s'entendre sur le taux du salaire; sa fixation doit être bilatérale et non unilatérale.

2

*N'y a-t-il pas un **minimum** au-dessous duquel ne peut descendre cette estimation ?*

Si, il est une loi de justice qui s'impose à la volonté des contractants : « c'est, à savoir, que le salaire ne doit pas être insuffisant à faire subsister l'ouvrier sobre et honnête. »

Le salaire ne devrait-il pas être proportionné aux charges de famille ?

Rien ne répond mieux assurément aux exigences de l'ordre social, mais peut-on exiger cela en justice stricte ?

En effet, le travail fourni par un ouvrier père d'une nombreuse famille ne vaut pas plus, en soi, pour le patron, que le travail fourni par un ouvrier célibataire.

Du reste, à vouloir imposer le salaire familial proportionnel, on se heurterait aux plus grosses difficultés et l'on aboutirait à des mécomptes. Que se passerait-il ? Les célibataires ou les ouvriers à fils unique trouveraient seuls à s'embaucher ; les ouvriers pères de familles nombreuses resteraient sur le pavé. Le patron charitable qui consentirait à occuper ces derniers, ayant à payer des salaires plus élevés que ses concurrents, serait vite distancé par eux et ruiné.

Le problème est d'autant plus intéressant qu'il importe d'encourager aujourd'hui de toutes manières les familles nombreuses. En fait, leur situation économique est peu enviable.

D'autre part, il est sûr que les employeurs en général sont tenus, par une loi d'honnêteté naturelle, de ménager à la classe ouvrière qu'ils emploient un salaire qui lui permette de vivre en famille et de se perpétuer ; le salaire familial est une revendication légitime des ouvriers. Ce sera le devoir de la Commission mixte de résoudre le problème, car en dehors d'une entente, nous n'apercevons pas de solution.

En certaines professions on a adopté le système suivant :

Les patrons payent indistinctement à tous leurs ouvriers un salaire de base, fixé d'un commun accord par la Commission mixte, puis, selon les charges de famille, un salaire complémentaire variable. Ce salaire complémentaire ne vient pas directement de la caisse du patron; il sort d'une caisse commune qu'alimentent tous les employeurs au moyen de versements proportionnels au nombre des ouvriers employés par chacun d'eux.

Ainsi, la charge des salaires se répartit également entre tous les patrons de la profession, quelle que soit, d'ailleurs, la situation de famille de leurs ouvriers; nul d'entre eux n'a donc intérêt à évincer les pères de familles nombreuses et à n'embaucher que des célibataires. Très justement, la profession collabore tout entière à la création d'une source essentielle de prospérité, dont elle profitera, plus tard, tout entière : une population nombreuse d'ouvriers, qui, fils d'ouvriers de la profession, possèderont la tradition du métier.

Qu'entendez-vous par justes conditions de travail ?

Il s'agit de la durée quotidienne du travail et de sa durée hebdomadaire, de la sécurité matérielle et de la sécurité morale du travailleur.

La journée de travail sera d'une durée raisonnable; elle n'obligera pas l'ouvrier, surtout l'ouvrière et le jeune apprenti à des efforts excédant la mesure de leurs forces.

Le repos du dimanche sera respecté. Le droit à ce repos doit être la condition expresse ou tacite de tout contrat de travail, sans quoi le contrat ne serait pas honnête; le patron ne peut exiger et l'ouvrier ne peut promettre la violation d'un devoir de l'homme envers Dieu.

La sécurité matérielle et l'hygiène devront être assurées dans toute la mesure compatible avec la nature de l'industrie; les lois de protection ouvrière seront observées.

Le contrat qui obligerait l'ouvrier ou l'ouvrière à violer les règles de la morale ne serait pas un juste contrat. Le respect de la moralité est une des conditions tacites du contrat de travail.

Les ouvriers ont-ils le droit de discuter avec le patron indistinctement toute question relative au travail industriel?

Non, certaines questions sont exclusivement réservées au patron, parce qu'il est le propriétaire et le directeur responsable; mais les ouvriers gardent le droit de discuter avec lui, par eux-mêmes ou par l'intermédiaire de leurs délégués, toutes les questions relatives au salaire, à la durée du travail quotidien, au temps du travail (travail de jour ou travail de nuit), au repos hebdomadaire et à la semaine anglaise, aux congés, à l'hygiène des ateliers, à la sécurité matérielle, à la moralité, à l'observation des lois de protection ouvrière et d'assurances.

Hors de là, rien n'empêche les délégués ouvriers à la Commission mixte de présenter des vœux, de proposer, par exemple, des améliorations techniques concernant l'outillage ou l'organisation elle-même du travail, afin d'assurer un meilleur rendement.

La Commission mixte ouvre aux perfectionnements

techniques comme aux réformes sociales les plus
larges perspectives.

*Les ouvriers n'ont-ils pas intérêt à restreindre la
production?*

Les meneurs socialistes l'ont dit, mais ils ont dit
une absurdité. Les naïfs qui, dupés par eux, multiplient les grèves à tort et à travers, perdent
savamment le temps, diminuent le rendement,
pratiquent le « freinage » de la production, sous prétexte que toute intensification du travail comporte
nécessairement une exploitation des travailleurs,
n'aboutissent qu'à ce beau résultat de provoquer
un renchérissement général de la vie.

Produisant moins et dans des conditions plus coû-
teuses, les industriels sont obligés de vendre plus cher
leurs marchandises. Ce sont donc les consommateurs
qui subissent les conséquences du freinage ; mais,
comme les ouvriers forment la masse des consommateurs... tirez la conclusion   ce sont eux surtout qui
pâtissent. Pour faire du mal aux patrons, les socialistes,
— si on les écoutait, — plongeraient les travailleurs
dans la misère.

Sans production intense, pas de progrès matériel,
pas de prospérité économique, pas de bien-être assuré
pour l'ouvrier.

La devise des travailleurs intelligents qui rêvent d'un
sort meilleur devrait être ce simple mot : Produire!
Plus ils produiront, plus le prix des marchandises bais-
sera, plus les salaires monteront : double bénéfice!

*Toute augmentation de salaire et toute diminution
des heures de travail garantissent-elles une augmentation de bien-être pour la classe ouvrière?*

Il faut bien comprendre cette vérité économique

que la question du bien-être matériel est liée de façon indissoluble à la question fondamentale de la production. En d'autres termes, le bien-être dépend non pas du chiffre du salaire, mais de l'abondance et du bon marché des denrées et marchandises. Mieux vaut un salaire de 5 francs si tout est à bas prix, parce que tout abonde, qu'un salaire de 20 francs si tout est à des prix inabordables, parce que tout manque.

Il faut souhaiter une réduction des heures de travail; mais, voyons-en les conséquences : Supposons que tout d'un coup, en France, les heures de travail soient diminuées inconsidérément pour toute la classe ouvrière : quel sera le résultat? Le résultat sera une diminution de la production, donc, d'une façon générale, on devra payer tout plus cher.

l. faut souhaiter en même temps, dit-on, une augmentation des salaires; mais, voyons-en également les conséquences : Supposons que les ouvriers et les employés français reçoivent chacun 100 francs par mois de salaire supplémentaire. Quel sera le résultat? Le résultat sera que les centaines de millions, jetés ainsi dans la circulation, donneront à des milliers de familles ouvrières la possibilité de multiplier leurs achats. Voilà donc un plus grand nombre d'acheteurs sur le marché. Comme ils se disputeront des marchandises déjà raréfiées et chères par suite de la diminution générale des heures de travail, il se produira sur tous les objets une hausse rapide : la hausse des prix se produit toujours quand la demande d'une marchandise faite par les acheteurs dépasse l'offre de cette même marchandise faite par les vendeurs. Ainsi, pratiquement, les 100 francs d'augmentation de salaire mensuel contribueraient, bien moins qu'on imagine, au mieux-être de la classe ouvrière.

Puisque ce mieux-être matériel dépend de l'ac-

croissement de la production générale, il faut, de
toute nécessité, si l'on réduit les heures de travail,
trouver le moyen non seulement de maintenir le
niveau ancien de la production, mais de l'élever de
telle sorte que les approvisionnements du pays soient
en état de satisfaire largement à tous les besoins.

Si le moyen d'en arriver là ne se trouve pas, les
courtes journées de travail, même avec les plus hauts
salaires, — surtout avec de hauts salaires, — ne seront
qu'une immense duperie.

Grâce à Dieu, le moyen de tout concilier existe.

Nous pouvons avoir les journées courtes, les
hauts salaires et une véritable augmentation du
bien-être matériel à deux conditions :

1º A la condition que les industriels et les agri-
culteurs perfectionnent leur outillage, leur machinisme et la technique du travail. Il faut obtenir de
la machine un meilleur rendement. Mais il ne faut
pas s'illusionner : on ne transformera pas du jour
au lendemain, surtout dans une période où tout
manque, l'outillage d'un grand pays. Donc, un peu
de patience;

2º A la condition que les ouvriers compense-
ront la réduction des heures de travail, non par un
surmenage condamnable, mais par un labeur plus
méthodique, plus attentif, plus consciencieux : il
faut qu'ils consentent, sur certains points, à des
changements d'habitudes et d'idées pour s'adapter
aux nouvelles méthodes de travail.

Telle est la vérité : hors de là, tout est bavardage
de journaliste ou flagornerie de meneur socialiste qui exploite la crédulité humaine.

Qu'est-ce que l'organisation scientifique du travail?

L'usine où le travail est organisé scientifiquement est une usine où le machinisme est si bien adapté à la production, où les efforts et les mouvements de l'ouvrier sont si bien calculés et réglés que toute perte de temps, tout gaspillage des matières, toute fatigue inutile de l'homme sont supprimés.

L'organisation scientifique a pour but d'obtenir le maximum de production avec le minimum d'effort soit de la machine, soit de l'homme, dans le minimum de temps.

Le caractère *scientifique* de la méthode est une garantie contre le surmenage des ouvriers : il serait antiscientifique de les user par une fatigue excessive. C'est pourquoi un médecin expert définit et délimite la dépense de forces qu'on peut légitimement exiger d'un travailleur.

Le système repose sur les calculs du chronométreur. Le chronométreur est un spécialiste qui, après des expériences faites sur un certain nombre d'ouvriers, détermine la tâche horaire ou journalière de chaque catégorie de travailleurs. Il devra posséder une bonne formation scientifique, afin d'éviter toute erreur de calcul, la quantité du travail ne devant pas nuire à la qualité.

L'opération du chronométrage inspirera toute confiance aux ouvriers si elle est contrôlée non seulement par le médecin expert, mais aussi par un délégué ouvrier compétent, lequel pourra être un délégué syndical.

L'organisation scientifique n'élimine-t-elle pas les ouvriers incapables ou moins capables?

Durant un certain nombre d'années, elle risque,

en effet, d'éliminer, comme incapables de s'adapter à un travail scientifiquement réglé, des ouvriers âgés ou naturellement maladroits. Mais, appliqué dès l'apprentissage, elle permettra aux jeunes gens de se classer selon leurs aptitudes réelles et de s'orienter vers la profession où ils auront le plus de chance de réussir. Pendant la période de transition, il conviendra donc d'appliquer le nouveau système avec prudence et avec tact, de manière à ménager les situations acquises et les susceptibilités légitimes.

C'est l'affaire de la Commission mixte de fixer, dans le contrat collectif, les conditions d'application de la nouvelle méthode de travail et d'indiquer les compensations qui devraient être accordées aux ouvriers éliminés.

L'organisation scientifique ne sera-t-elle pas une cause de surproduction et, par conséquent, de chômage ?

La surproduction n'est pas à craindre pour de longues années, puisque, à la suite de la guerre, l'humanité manque de tout.

La capacité d'absorption d'un pays civilisé est presque infinie : les bas prix qu'amènera une production abondante favoriseront une consommation de plus en plus large. Il y aurait peut-être surproduction si, tout d'un coup, toutes les industries adoptaient le système intégral; mais les choses ne se passeront pas ainsi; la méthode ne sera introduite que lentement : aucune perturbation n'est à craindre.

Pour les mêmes raisons, le chômage non plus n'est pas à craindre. L'introduction du machinisme fit jadis redouter le chômage; il augmenta, au contraire, démesurément, la demande de main-d'œuvre. Il en ira de même de la nouvelle organisation : si la production s'accroît, des besoins nouveaux se feront jour, qui réclameront des travailleurs; l'histoire économique est là pour le démontrer.

En 1840, il y avait 5.000 tisserands à Manchester; ils crurent que l'introduction des métiers mécaniques leur ôterait leur pain... il y a maintenant 265.000 tisserands à Manchester.

Quels sont, pour l'ouvrier, les avantages d'une organisation scientifique?

1º Elle favorise la hausse des salaires : la production étant augmentée, le patron gagne davantage : les salaires montent nécessairement avec le profit;

2º Elle diminue le coût de la vie : plus il y a de marchandises sur le marché, plus leur prix baisse. Comme consommateurs, les ouvriers reçoivent, d'une manière détournée, une autre part des bénéfices réalisés par la méthode scientifique. En effet, s'ils achètent tout moins cher, grâce à l'abondance des marchandises, ils peuvent accroître leurs économies ou se procurer, très légitimement, des satisfactions plus larges;

3º Elle permet de réduire les heures de travail : si l'usine produit, par exemple, en huit heures autant qu'elle produisait en dix heures, on peut réduire la journée et maintenir cependant une forte production;

4º Elle donne à l'ouvrier des loisirs plus étendus, facilite la vie familiale, sociale et religieuse, l'éducation technique, la culture de l'esprit.

En résumé, le système nouveau substitue le régime scientifique au régime arbitraire et empirique. Sous ce régime, patrons et ouvriers obéissent aux lois d'une science nouvelle qui, plus développée, sera une sorte de physique du travail, devant laquelle chacun devra s'incliner.

Ce régime scientifique est une garantie d'union et de concorde entre patrons et ouvriers.

De fait, la nouveauté vraiment originale du système ne consiste pas dans cet appel à la science; c'était, depuis plus de cent ans, la caractéristique de la révolution industrielle qui a inauguré *l'âge de la machine*. Ce qui caractérise le système, c'est d'avoir poussé cette application des données scientifiques jusqu'aux détails de production, en apparence, les plus infimes; et cela, pour cette raison nouvelle que ces détails ne sont infimes qu'en apparence, qu'en réalité ils constituent des éléments capitaux de la production.

Il enferme donc un *esprit*, esprit d'organisation minutieuse, méthodique, rationnelle, esprit perpétuellement attentif à supprimer tout gaspillage, tout effort improductif, toute dispersion si minime qu'elle soit, afin de porter le rendement au maximum.

C'est cet esprit surtout qui importe. A condition qu'il sache se réaliser avec tact, gardant bien nette la distinction entre l'homme et la machine, entre l'outil et la main qui s'en sert, réglant les mouvements du corps, mais sans oublier les exigences de l'âme, il aidera puissamment à résoudre le redoutable problème d'après-guerre que posent, d'une part, l'urgence d'une production intensive, et, d'autre part, la rareté et le haut prix de la main-d'œuvre.

Qu'est-ce que le taylorisme ?

C'est un ensemble de méthodes d'organisation industrielle proposées par l'ingénieur américain Taylor, un des principaux promoteurs de l'organisation scientifique du travail.

Ces nouvelles méthodes sont discutables et ne peuvent être appliquées partout sans subir d'importantes modifications.

Le contrat de travail oblige-t-il en conscience?

Oui, le patron et les ouvriers sont obligés en conscience d'observer les clauses du contrat de travail, que le contrat soit individuel ou collectif.

Les syndiqués devront se défier de l'esprit individualiste par lequel nous sommes portés à ne voir que notre droit et à méconnaître celui des autres. Ils se feront donc un point d'honneur de tenir leurs engagements. Y manquer, ce n'est pas seulement violer la justice; c'est rendre à peu près impossible tout contrat nouveau dans l'avenir, par conséquent, c'est désorganiser l'industrie à laquelle on appartient, c'est, en fin de compte, se préparer et s'infliger à soi-même des privations et des souffrances, en préparer et en infliger aux camarades de la profession.

III

LA GRÈVE

Qu'est-ce que la grève?

C'est une interruption concertée du travail, qui a pour but de peser sur la volonté du patron et de l'obliger à consentir certaines améliorations dans les conditions du travail.

Faire grève, c'est donc, en réalité, recourir à la force.

Toutefois, ce recours peut être légitime si la grève est déclarée dans certaines conditions, pour un motif raisonnable et suffisant.

Normalement, les ouvriers qui se mettent en grève doivent observer les délais de préavis fixés pour la dénonciation du contrat de travail. Dans certains cas cependant, lorsqu'ils sont victimes d'une injustice, les ouvriers peuvent déclarer brusquement la grève : ils ne font alors qu'user d'une juste liberté fondée sur le droit naturel de légitime défense.

Qu'est-ce que le lock-out?

C'est une grève de patrons qui s'entendent pour exclure temporairement les ouvriers de leurs usines, ateliers ou chantiers, afin de les contraindre à accepter certaines conditions de travail.

Dans quelles conditions la grève est-elle permise?

Faire grève, c'est recourir à la force; mais, la force ne doit se mettre qu'au service du droit.

Pour que la grève soit permise :

1o Il faut un *motif légitime* : il s'agira d'obliger le patron à réparer une injustice, par exemple à payer le juste salaire, ou bien, quand l'industrie sera particulièrement florissante, à donner une augmentation de salaire jugée raisonnable;

2o Il faut que le motif légitime soit *proportionné* aux sacrifices et misères que la grève entraînera : se mettre en grève pour une vétille, un passe-droit sans importance, serait pure folie;

3o Il faut que la grève ait des *chances sérieuses* d'aboutir : demander une augmentation de salaire quand les conditions économiques de l'industrie sont défavorables, quand les affaires vont mal, c'est moralement demander l'impossible;

4o Il faut, avant de cesser le travail, *épuiser tous les moyens de conciliation* : la grève ressemble à la guerre; on ne déclare la guerre qu'à la dernière extrémité, quand toutes les tentatives d'accord ont échoué.

Ces règles ne sont, comme on le voit, que des règles de bon sens.

Dans les grèves, peut-on recourir à la violence?

Non, la violence n'est permise ni contre les personnes, ni contre les choses. Il n'est jamais permis de faire le mal, même pour procurer le bien.

Le bris des machines, le sabotage du matériel ou des marchandises peuvent constituer une injustice grave; et d'ailleurs ces actes de sauvagerie ne portent pas seulement préjudice au patron : ils paralysent et ruinent l'industrie qui fait vivre les ouvriers. Tout le monde s'en ressentira parce que, la production étant diminuée, les marchandises seront plus rares et coûteront plus cher. La violence est incapable de créer quoi que ce soit : elle ne fait que détruire. Les révolutionnaires, qui comptent sur elle pour instaurer la société nouvelle de leurs rêves, n'aboutiraient qu'à replonger l'humanité dans la barbarie.

Dans les services publics, la grève est-elle légitime ?

Dans les services publics qui jouissent d'un monopole et ne sont pas soumis au régime de la libre concurrence — services de l'eau, du gaz, de l'électricité, des chemins de fer, des postes et télégraphes, etc., dont la continuité est indispensable — la grève ne saurait être légitime qu'à des conditions si strictes que, le plus souvent, elles équivalent à une interdiction ; car ici la grève aurait pour effet immédiat de paralyser, d'arrêter la vie sociale, et, par le fait, d'infliger injustement de graves dommages à des tiers innocents.

Pour compenser la privation du droit de grève, il faut qu'un statut légal donne aux employés des services publics un moyen efficace de faire aboutir leurs justes revendications. L'absence de statut est une provocation à la grève.

Les fonctionnaires de l'État ont-ils le droit de faire grève ?

Les fonctionnaires de l'État, investis d'une part de son autorité, ne sont pas assimilables aux salariés des industries privées : ils sont liés à la nation elle-même par un contrat spécial qui comporte des garanties particulières. S'ils se mettaient en grève, ils exposeraient la nation à un grave péril : l'ordre public, la sécurité générale dépendent de la continuité de leurs services.

Il va sans dire que les ouvriers des manufactures de l'État et nombre d'employés de certaines administrations ne sont pas, à proprement parler, des fonctionnaires : ils ne détiennent aucune part de l'autorité publique.

Comme pour les employés des services publics, il faut qu'un statut spécial donne aux fonctionnaires le moyen de faire entendre en haut lieu leurs desiderata et d'obtenir justice.

Les fonctionnaires ne doivent pas confondre droit syndical et droit de grève. C'est une erreur d'associer l'idée de syndicat et l'idée de grève.

Que faut-il penser des grèves ?

D'abord il faut se bien pénétrer de cette pensée que le recours à la grève n'est pas un de ces droits absolus que les travailleurs possèdent en toute hypothèse. Comme tout exercice du droit de légitime défense, c'est une concession, légitimée par les circonstances anormales du monde économique actuel où aucune institution n'existe qui puisse juger et apaiser les conflits du travail. Que la profession s'organise, sur ce point, et le droit de grève sera suspendu.

En attendant, malgré les avantages relatifs qu'elles procurent, il faut les regarder, en règle générale, comme un fléau que tous, patrons et ouvriers, doivent, pour leur part, s'efforcer de prévenir. Elles provoquent de longs chômages : certaines grèves ont duré des semaines et des mois ; elles causent de grandes privations aux familles des ouvriers; elles arrêtent la production, paralysent les affaires et, en définitive, appauvrissent tout le monde, le patron, les ouvriers, le pays lui-même. Elles sont une des causes principales de la vie chère. Par-dessus tout, elles amassent des colères, des haines sociales, d'où naissent parfois des conflits sanglants.

Seule une production intense, en enrichissant le pays, permettra d'augmenter le bien-être matériel des travailleurs. Mais pour que la production soit intense, il faut que la concorde règne entre patrons et ouvriers; il faut qu'à la lutte des classes succède la *collaboration des classes*. Il faut, par conséquent, que, au lieu de recourir à la grève pour trancher les conflits du travail, on fasse appel au tribunal professionnel : tribunal arbitral désigné par la Commission mixte ou constitué par la législation.

Les patrons peuvent-ils se réjouir lorsqu'ils sont parvenus à forcer les ouvriers à reprendre le travail sans que les syndicats ouvriers aient vu triompher leurs revendications?

Nullement, si ces revendications étaient justes. Toute grève, même si elle aboutit à un échec des ouvriers, est désastreuse pour le patron. Elle introduit en effet dans la classe ouvrière des ferments de haine et de rancune qui produiront des fruits vénéneux.

Que faut-il penser des lock-out ?

Tout ce que nous avons dit des grèves s'applique par analogie aux *lock-out*. Le *lock-out* est une arme extrêmement dangereuse qui souvent cause à la société de grand maux

IV

SYNDICATS ET SYNDICATS

Dans une même profession, y a-t-il plusieurs syndicats?

Pour chaque centre ou région, il serait désirable qu'il n'y eût qu'un syndicat de patrons et un syndicat d'ouvriers de la profession, tenus en contact permanent par leur Commission mixte. Mais, en fait, on trouve souvent plusieurs syndicats patronaux et plusieurs syndicats ouvriers, par suite de divergences d'idées chez les patrons et chez les ouvriers. Puisque, finalement, toute organisation naît d'une idée, il est naturel que les uns et les autres se groupent selon leurs affinités de doctrine et de tendances, selon leurs aspirations sociales.

Dans un milieu où les divergences foncières d'idées n'existent pas pour justifier la séparation, l'unité de groupement s'impose, car la dispersion des forces serait une cause de faiblesse. Un particularisme étroit, aboutissant au séparatisme syndical, peut avoir, dans certaines circonstances, les conséquences les plus fâcheuses.

Tous les syndicats se valent-ils?

Non, tous les syndicats ne se valent pas. Le syndicat est une famille : la famille professionnelle. Nous savons que toutes les familles sont loin de se valoir : il y a syndicat et syndicat comme il y a famille et famille. Le syndicat vaut ce que valent les principes qui l'inspirent et règlent sa conduite ; on peut dire aussi qu'il vaut ce que valent ses dirigeants.

On ne peut donc entrer dans n'importe quel syndicat ?

Certainement non. Il n'est pas permis en conscience d'entrer dans les syndicats qui battent en brèche les principes de la religion et de la morale et se livrent à une propagande antisociale : tels sont les syndicats socialistes.

A quels signes reconnaître les syndicats socialistes ?

Bien qu'ils affichent souvent le principe de neutralité, ils combattent d'ordinaire, en pratique, toute religion ; plus ou moins directement, ils attaquent le principe de la propriété privée ; — partisans de la lutte des classes et de la guerre sociale, ils s'efforcent d'ameuter les employés contre les employeurs, cherchant toujours ce qui divise, jamais ce qui rapproche ; — ils multiplient les grèves, allant parfois jusqu'au sabotage, afin de ruiner les patrons et de préparer la grève générale et simultanée de toutes les industries, qui, dans leur pensée, sera le prélude de la révolution finale.

Les syndicats socialistes ne rendent-ils pas des services aux ouvriers ?

Ils ont rendu certainement des services en obtenant de meilleures conditions de travail, de plus hauts salaires; mais d'autres syndicats auraient obtenu tout autant. même beaucoup plus, et, sûrement, ils n'auraient pas amoindri ces avantages par des pertes trop réelles. Car, ne l'oublions pas, les syndicats socialistes ont porté un grave préjudice indirect aux ouvriers en troublant l'industrie par des revendications intempestives, en l'appauvrissant par des grèves continuelles, en décourageant par la lutte des classes et les manifestations révolutionnaires la création d'industries nouvelles. Pour se développer, l'industrie a besoin de tranquillité, de confiance et de concorde.

Certaines pratiques d'avant-guerre, propagées par les meneurs socialistes, comme la *grève perlée*, le *freinage* ou restriction de la production journalière, le *sabotage* des matières premières, des marchandises ou de l'outillage, n'ont pas seulement infligé de lourdes pertes aux patrons; elles ont atteint, derrière eux, tous les ouvriers et la société tout entière, parce qu'elles ont causé la raréfaction des produits et amené un renchérissement général dont tout le monde a souffert.
Pendant qu'on écoutait chez nous les socialistes, la production allemande, anglaise, américaine, montait, montait sans cesse; nous étions écrasés par la concurrence étrangère; et comme les conditions du travail ne s'améliorent qu'en période de prospérité économique,

la situation de l'ouvrier français demeurait étroite et gênée.

Les socialistes ont encore d'autres torts envers la classe ouvrière. Ils s'efforcent de maintenir les syndicats dans la pauvreté, de peur qu'un syndicat riche, en procurant trop d'avantages aux syndiqués, n'émousse leur esprit combatif, ne les détourne de la guerre sociale, ne les rende moins prompts à monter à l'assaut de la société quand sonnera l'heure de la révolution. Sous le fallacieux prétexte de préparer le bonheur de l'humanité future dans le paradis socialiste — qui sera plutôt un bagne — ils refusent aux ouvriers actuellement vivants la part des satisfactions terrestres que leur procurerait un syndicalisme bien administré. Il leur faut des ouvriers toujours mécontents, haineux, pour avoir des révoltés toujours sous pression, des révolutionnaires toujours prêts au « chambardement » qui sera, d'après eux, le prélude du régime communiste ou collectiviste.

A quel syndicat puis-je donc m'affilier?

Vous devez vous affilier à un syndicat qui, dans ses statuts et règlements, comme dans son action économique et sociale, observe les lois éternelles du droit, de la justice et les principes de la morale. Les syndicats indépendants à principes chrétiens présentent, à cet égard, toutes les garanties.

L'Église catholique approuve-t-elle les syndicats?

L'Église catholique a toujours approuvé et encouragé les associations professionnelles, à cause des grands services qu'elles peuvent rendre aux ouvriers, aux patrons et à l'ordre public; mais, elle les veut guidés par la morale chrétienne.

Bien avant la loi de 1884, dès 1878, le pape Léon XIII en recommandait la fondation ; plus tard, il renouvelait cette recommandation, avec beaucoup d'insistance, dans la fameuse Encyclique *Rerum Novarum* sur la condition des ouvriers (1891). — Pie X n'a pas moins insisté que Léon XIII sur la nécessité des associations professionnelles adaptées aux besoins présents. — Benoît XV maintient, cela va sans dire, tous les enseignements de ses prédécesseurs. Il disait dernièrement aux délégués des grandes organisations catholiques d'Italie : « Le cœur du Pape est avec ceux qui organisent les syndicats et avec ceux qui en font partie. » (3 mars 1919.)

Comment le syndicat sera-t-il chrétien ?

Il le sera :

1° *Par l'esprit*, c'est-à-dire par les principes qui le dirigeront. Ces principes seront ceux de la doctrine sociale chrétienne, dont le document principal est l'Encyclique *Rerum Novarum* du pape Léon XIII, sur la *Condition des ouvriers*, publiée en 1891, document admiré de tous les chrétiens sans distinction et de tous les non croyants, sans parti pris, comme la grande charte du travail.

2° *Par le recrutement :* Ne seront admis dans l'association que les candidats acceptant comme règle de leur conduite corporative la doctrine sociale chrétienne et si l'on veut une formule plus claire, quoique, en réalité, moins précise : Ne seront admis que les candidats décidés à respecter la *religion*, la *famille*, la *propriété*, la *patrie*, l'*union des classes dans la justice.*

3° *Par les dirigeants :* Ne seront choisis, comme dirigeants et propagandistes, que des ouvriers intelligents et capables, pénétrés de la doctrine sociale chrétienne et conscients de leurs responsabilités.

Le syndicat indépendant, à principes chrétiens, ne se confond-il pas avec une association religieuse?

Non; il est une association strictement professionnelle, mais cette association professionnelle, au lieu des principes du matérialisme socialiste, prend comme règle de conduite les principes de la morale chrétienne.

Au lieu de poursuivre, comme les syndicats socialistes, la lutte des classes, c'est-à-dire l'écrasement d'une partie de la société par l'autre, les syndicats à principes chrétiens se distingueront par « un zèle éclairé pour la justice, par un souci constant de l'équité et par des dispositions bienveillantes à l'égard de toutes les classes de la société ».

Les principes chrétiens ne seront-ils pas une gêne?

Comment seraient-ils une gêne, puisqu'ils représentent le droit, la justice, l'équité, la charité; puisqu'ils garantissent l'honnêteté des contrats, le respect du bien d'autrui, le respect du travail et des travailleurs, des femmes et des enfants?

La doctrine sociale chrétienne admet-elle que le syndicat s'efforce d'améliorer le sort des travailleurs?

Certes oui! Pour vous en assurer, ouvrez l'Encyclique sur la *Condition des ouvriers :*

Elle dit qu'il faut « arracher les prolétaires à la misère et leur procurer un sort meilleur », « prendre les mesures voulues pour sauvegarder le salut et les intérêts de la classe ouvrière » ; elle demande à l'État de s'intéresser aux travailleurs, afin « qu'ils puissent vivre au prix de moins de peines et de privations » ; elle veut que « la justice soit religieusement gardée » entre les classes.

Le but économique assigné par l'Encyclique aux syndicats et corporations est celui-ci :

Obtenir à leurs membres « l'abondance matérielle », « *l'accroissement le plus grand possible des biens du corps, de l'esprit et de la fortune* ».

Comme on le voit, rien n'est oublié dans ce magnifique programme.

« *L'accroissement des biens du corps* » : *qu'est-ce à dire ?*

Cela signifie : plus d'hygiène et de salubrité dans les ateliers ;

Sécurité plus grande dans le travail, ou meilleure protection contre les accidents ;

Organisation moins pénible du travail ;

Plus de loisir ; repos mieux distribués ; assurances ouvrières mieux organisées, etc., etc. ;

Plus de bien-être au foyer domestique, une vie plus large, moins de soucis..., etc., etc.

« *L'accroissement des biens de l'esprit* » : *qu'est-ce à dire ?*

Cela signifie plus de facilités et de commodités :
Pour développer ses connaissances professionnelles ;
Pour s'initier aux sciences et aux arts, entretenir en soi la vie intellectuelle ;
Pour se procurer de saines distractions ;
Pour vivre de la vie de famille à son foyer ;
Pour remplir ses devoirs de citoyen et vivre de la vie sociale.....

Pour se donner la culture morale et religieuse qui élève l'âme et la perfectionne.

« L'accroissement des biens de la fortune » : qu'est-ce à dire ?

Cela signifie : plus de justice dans le contrat de travail, une augmentation équitable des salaires;

Une protection plus efficace de l'épargne ouvrière;

Une sécurité plus grande pour le temps de la maladie, de l'invalidité ou de la vieillesse;

Une accession plus facile à la propriété.

Léon XIII voudrait, en effet, que tout ouvrier parvînt un jour à l'acquisition d'un petit patrimoine, devînt propriétaire de son foyer, de sa maison. Ce serait, dit-il, « la source des plus grands avantages et d'abord d'une répartition des biens certainement plus équitable ».

Léon XIII connaît et comprend les aspirations profondes de la nature humaine. Tout homme aspire à la possession d'un foyer, d'un coin de terre sur lequel il sera maître et roi ! Les socialistes qui ne veulent de propriété pour personne, si ce n'est pour l'Etat, méconnaissent grossièrement le cœur humain.

Des syndiqués indépendants, d'esprit chrétien, ont-ils le droit de se mettre en grève?

Certainement; tant que n'existera aucune institution qui puisse protéger leurs intérêts légitimes, les ouvriers chrétiens ont, comme n'importe qui, le droit de se défendre quand ils subissent une injustice, quand on leur refuse obstinément une amélioration de leur sort qu'ils peuvent raisonnablement demander; dans certaines circonstances graves, ce droit peut devenir un devoir.

Les femmes ont-elles intérêt à se syndiquer ?

Oui, les employées et ouvrières de toutes professions ont le plus grand intérêt à se syndiquer. Parce qu'elles sont faibles, inexpérimentées, elles risquent plus souvent que les hommes de voir méconnaître leurs droits ; les conditions de travail des ouvrières à domicile ne l'ont que trop prouvé !

Autre exemple : Il arrive, parfois, que pour le même travail, travail aussi bien fait, la femme touche un salaire moindre que l'homme. C'est là un abus. A égalité de rendement dans le travail, le salaire doit être égal, quel que soit le sexe du travailleur. Un homme sain d'esprit a-t-il prétendu jamais payer moins cher la livre de pain chez la boulangère du coin que chez le boulanger d'en face ?

Comme femmes, elles ont donc des intérêts à défendre ; comme épouses et comme mères, elles en ont d'autres très importants.

Il faut, en effet, qu'elles obtiennent des conditions de travail compatibles avec les obligations du foyer, les devoirs de la vie de famille. Car, la place naturelle de la femme est au foyer : il est malheureux qu'elle soit obligée d'en sortir pour gagner sa vie...

Les ouvrières et employées ne devront pas accepter toujours intégralement la réglementation du travail établie pour les hommes. Un intérêt supérieur, l'intérêt familial et social, le demande, quelquefois même l'intérêt religieux. Comment la travailleuse observera-t-elle le repos dominical et pratiquera-t-elle sa religion si, occupée toute la semaine à l'atelier, elle n'a que son dimanche pour certains travaux indispensables, réparation des vêtements, lessive et blanchissage ? Elle devra donc s'efforcer de faire inscrire dans son contrat de travail la semaine anglaise ou repos du samedi soir. On pourrait donner d'autres exemples, signaler notamment l'intérêt qu'auraient les femmes et, avec elles, la famille, à de courtes journées de travail. Il est vrai que, sur ce point, la loi nouvelle du 23 avril 1919 établissant la journée de huit heures leur donne très ample satisfaction.

Les femmes ont aussi toute une législation protectrice à faire observer dans les ateliers et les magasins; le syndicat, averti p ir les syndiquées de l'inobservation des lois sociales, agira par ses déléguées à la Commission mixte intersyndicale ou fera agir, s'il le faut, l'Inspecteur du travail.

Les femmes ont-elles avantage à se syndiquer dans des syndicats exclusivement féminins?

Réunies entre elles, les travailleuses se trouveront plus à l'aise; elles causeront plus librement de leurs affaires et de leurs intérêts, parfois distincts de ceux des hommes.

Groupées dans des syndicats des deux sexes, les femmes devraient d'ordinaire abandonner la gestion syndicale aux hommes; elles perdraient ainsi l'occasion ei le moyen de s'initier à l'administration des affaires professionnelles. Or, il faut que, le jour où elles recevraient le droit de vote, elles soient en état de défendre, avec la compétence voulue, leurs intérêts matériels et moraux, les intérêts de la famille et du foyer.

Le socialisme, le plus dangereux et le plus brutal ennemi de la femme, cherche à accaparer le mouvement syndical; il faut que les femmes apprennent à connaître cet ennemi et à se garder de ses embûches : l'union libre du programme socialiste serait leur déshonneur et leur malheur.

En tout cas, les syndicats d'ouvriers et d'ouvrières d'une même profession doivent se concerter en vue de la défense des légitimes intérêts communs.

V

LES DEVOIRS

Quels sont les devoirs que l'ouvrier doit remplir pour satisfaire à la justice ?

L'ouvrier doit fournir intégralement et fidèlement tout le travail auquel il s'est engagé par contrat librement consenti et conforme à l'équité ;

Il ne doit point léser son patron, ni dans ses biens, ni dans sa personne ;

Il ne doit se livrer, pour faire aboutir ses revendications, ni à des actes violents, ni à des actes séditieux.

La liste et la formule de ces devoirs sont tirées de l'Encyclique *Rerum Novarum* de Léon XIII, qu'on a appelé le « Pape des ouvriers ».

Quels sont les devoirs que le patron doit remplir pour satisfaire à la justice vis-à-vis de ses ouvriers ?

Les voici, d'après l'Encyclique :

Il doit leur donner le juste salaire ;

Il doit s'interdire tout acte violent, tout procédé frauduleux, toute manœuvre usuraire qui serait de nature à porter atteinte à leurs épargnes et à leurs économies ;

Il doit leur donner la liberté d'accomplir leurs devoirs religieux ;

Il ne doit pas les exposer à des séductions corruptrices ni à des dangers de scandales ;

Il ne doit pas les détourner de l'esprit de famille et de l'amour de l'épargne ;

Il ne doit pas leur imposer des travaux disproportionnés à leurs forces ou qui conviennent mal à leur âge ou à leur sexe.

Qu'est-ce que la conscience professionnelle?

C'est l'appel de la loi intérieure par lequel nous sommes pressés de remplir exactement les obligations spéciales de notre métier, de notre emploi ou fonction.

Dans les anciennes corporations pénétrées d'esprit chrétien, la conscience professionnelle dominait la vie et l'activité des « maîtres » et des « compagnons ». Les coutumes avaient, pour toute faute contre l'honneur du métier ou le devoir d'état, des sanctions sévères. Le maître ou patron devait employer dans toutes ses fabrications des matières saines et loyales ; les compagnons ou ouvriers devaient donner tous leurs soins à l'exécution du travail. Chacun se piquait et s'honorait d'être consciencieux.

Aujourd'hui, la conscience professionnelle est trop souvent oblitérée. Certains patrons industriels se permettent de frauder sur la qualité des matières employées ; ils écoulent de la camelote sous l'étiquette de marchandise loyale. Parfois, la falsification porte sur des produits alimentaires ou pharmaceutiques : la malhonnêteté du producteur devient alors un danger public.

Des ouvriers sans conscience professionnelle se rencontrent également : ils gaspillent le temps, gâchent les matières, sabotent l'ouvrage, n'ayant que le souci d'en faire le moins possible. Ouvriers et patrons sabo-

teurs sont heureusement des exceptions, sans quoi la
fraude patronale et le sabotage ouvrier. auraient bientôt fait de discréditer l'industrie nationale et de la ruiner, pour le plus grand profit des peuples concurrents.

Il sera bien difficile à un patron, à un ouvrier ne
croyant pas en Dieu et à sa justice, de se faire une
conscience professionnelle droite et ferme, qui l'in-
cline toujours vers le devoir, malgré l'intérêt ou
le plaisir du moment.

A quoi doit tendre un bon syndiqué?

Un bon syndiqué devra tendre d'abord à se faire
un bon *tempérament syndical*, c'est-à-dire une
intelligence prompte à percevoir le rôle important
et le but élevé de l'organisation corporative,
prompte à comprendre les services que cette organisation est appelée à rendre aux membres de la
profession, à la profession elle-même, à l'ordre public et à la paix sociale, par conséquent à la nation.

Avec le tempérament syndical, il développera chez
lui le *sens social*, c'est-à-dire le sens de l'intérêt général, le sens de la solidarité des intérêts, qui est aux
antipodes du sens individualiste ou particulariste.

L'individualisme est une forme de l'égoïsme : l'individualiste pense étroitement à ses intérêts person-
nels; il s'isole, ignore les autres; il ne comprend pas
que l'union fait la force.

Le particularisme, ce n'est plus l'égoïsme de l'indi-
vidu, mais l'égoïsme des groupes, des castes, des par-
tis. Les particularistes s'enferment en de petites cha-
pelles, ne voient que les intérêts de leur association,
de leur milieu, de leur classe; ils ne comprennent pas

que l'union de leur groupement avec un autre groupement ferait de deux faiblesses une force.

Nous sommes tous solidaires, parce que nous faisons partie du même corps social. Nos actes exercent une influence bonne ou mauvaise sur la vie, sur le bonheur, sur la santé, la moralité de notre prochain.

Un exemple : Bien que vous soyez libre en semaine, vous réservez vos emplettes pour le dimanche; votre voisin, votre voisine font comme vous : qu'arrive-t-il? Les magasins restent ouverts le dimanche : vendeurs et vendeuses doivent travailler; point de repos pour eux, point de vie de famille, point d'assistance aux offices religieux. Pourtant, les patrons seraient heureux de fermer leurs magasins; eux aussi voudraient bénéficier du repos; mais sous peine de perdre la clientèle, ils sont obligés de travailler et de faire travailler... Voyez-vous comme tout se tient?

Le sens social, comme la charité, nous tourne vers les autres, mais il lui surajoute une lumière qui éclaire ses démarches; avec lui, la charité est une charité qui réfléchit beaucoup, une charité très instruite, très fine, très prévenante.

Quels sont les devoirs du bon syndiqué vis à-vis du syndicat?

Payer régulièrement ses cotisations;

Assister régulièrement aux réunions syndicales;

Observer les statuts et règlements syndicaux, garder les consignes données par le Bureau syndical dans l'intérêt de tous;

Signaler au service syndical de placement les emplois vacants dont on a connaissance;

S'inscrire et s'intéresser aux organisations annexes, mutualité et coopérative, etc.;

Soutenir le journal professionnel de la fédération, de l'union ou du syndicat.

Suivre autant que possible les cours professionnels, afin d'exceller dans son métier et faire honneur au syndicat ;

S'initier à la doctrine sociale chrétienne, à la législation protectrice des travailleurs, aux principes essentiels de l'économie politique, afin d'être à même de remplir avec compétence les fonctions de dirigeant syndical, de délégué à la Commission mixte, de conseiller prud'homme, etc.;

Avoir le culte de l'honneur syndical et de la parole donnée.

Quels sont les devoirs du syndiqué à l'atelier ?

Observer les clauses du contrat de travail : contrat individuel ou contrat collectif;

Aimer le travail bien fait, la besogne soignée ; tenir très haut sa conscience professionnelle ;

Veiller à l'observation des lois ouvrières, surtout quand il s'agit de la protection des femmes et des enfants ;

Garder son sang-froid malgré les excitations des meneurs socialistes et ne pas se plaindre pour rien, mais tenir à la stricte observation du contrat de travail ;

Pratiquer les règles de la sobriété et combattre autour de soi l'alcoolisme, qui ruine les santés, prive les femmes et les enfants d'une partie du salaire, dégrade l'ouvrier et rend vaines les meilleures réformes ;

Faire respecter la morale dans les conversations...

Quels sont les devoirs du syndiqué vis-à-vis des membres du syndicat?

Les regarder comme des frères; être toujours prêt à défendre leurs droits, se réjouir, sans arrière-pensée, de l'aide que leur ménage l'organisation syndicale;

Les aider, en cas de chômage, à trouver un emploi et ne pas faire payer ce service par une invitation au cabaret;

Traiter les apprentis comme on traiterait ses propres enfants : ne pas en faire à l'atelier de petits domestiques; les encourager et les aider à apprendre le métier; ne pas tenir devant eux des propos inconvenants; leur donner le bon exemple au point de vue de la sobriété; s'efforcer de former chez eux la conscience professionnelle...

L'ACTIVITÉ SYNDICALE

Quelle marche doit suivre l'activité syndicale?

Il va sans dire que le syndicat devra toujours régler sa conduite d'après les circonstances. Ainsi faudra-t-il donner quelquefois à un intérêt secondaire en apparence, un tour de faveur. La pratique ne s'accorde pas toujours avec la théorie.

Mais comme il est utile de connaître la théorie, c'est-à-dire l'ordre rationnel des choses, voici quelle marche suivra d'ordinaire un syndicat. Rien ne l'empêche de mener plusieurs activités de front.

Il portera d'abord son attention sur le recrutement. Un syndicat ouvrier de quelques membres ne peut songer à aucune action importante. Mais, pour le recrutement, il faut des propagandistes capables de discuter les questions sociales et syndicales ; pour la direction et l'administration, il faut des syndiqués initiés à une foule de connaissances : la formation d'un état-major syndical s'imposera donc dès le début.

Futurs dirigeants et propagandistes se formeront par l'étude : lectures, assistance à des cours, conversations avec des gens compétents, tout profite à qui veut apprendre.

Mais le cercle d'études, avec l'effort personnel de recherche et de réflexion qu'il demande, sera le meilleur instrument de formation, s'il est bien dirigé.

En possession de bons cadres, le syndicat s'occupera sans retard du contrat de travail de ses membres : il étudiera par conséquent l'organisation d'une commission mixte pour entrer, au moyen de ses délégués, en contact avec les patrons de la profession et conclure avec eux, s'il y a lieu, un contrat collectif.

Si la corporation — c'est-à-dire les syndicats patronaux et ouvriers en plein accord — n'en prend pas l'initiative, il appartient au syndicat d'organiser dans la mesure du possible le service de l'enseignement et du perfectionnement professionnels.

Après cela, le syndicat devra s'occuper des œuvres annexes :

Mutualité (secours de chômage, de maladie, etc.);

Coopérative (achats en commun, vente en commun), qui affectent des formes variées.

Encore une fois, rien n'empêche de mener tout de front, si les circonstances sont favorables.

Qu'entendez-vous par service de l'enseignement et du perfectionnement professionnels?

C'est le service qui a pour but, au moyen de leçons pratiques et de cours techniques, de former, d'augmenter chez les syndiqués adultes la capacité professionnelle.

Un syndicat d'ouvriers ou d'employés trouvera toujours le moyen d'organiser à peu de frais les cours professionnels les plus indispensables, une petite bibliothèque éducative, etc.

Les syndiqués devront avoir une grande estime de l'éducation professionnelle : plus ils seront capables et habiles, plus ils rendront de services à leur industrie, par conséquent aux camarades, à la société tout entière, au pays.

*Qu'entendez-vous par **mutualité**?*

On entend par là l'organisation d'associations de prévoyance qui, au moyen des cotisations de leurs membres et souvent de membres honoraires non participants, assurent des secours en cas de maladie, blessure, infirmité, en cas de chômage, en cas de naissance d'enfant, en cas de décès, etc. La mutualité française est régie par la loi du 1ᵉʳ avril 1898.

Il y a une grande variété de sociétés de secours mutuels assurant leurs membres contre les risques divers de l'existence.

Le syndicat fera bien d'organiser, en faveur de ses adhérents, une société de secours mutuels qui s'étendra, s'il y a lieu, à des non syndiqués, afin d'accroître ses ressources. La mutualité syndicale apportera un supplément de secours à ceux qui bénéficient déjà des assurances instituées par l'État.

La mutualité développe l'esprit de prévoyance et d'épargne, l'esprit de solidarité et de charité en démontrant que le sacrifice annuel d'une légère cotisation, économisée sur un plaisir ou un besoin factice, apporte, en se joignant à d'autres cotisations semblables, secours et réconfort à des frères ou sœurs de travail atteints par la maladie, le chômage, etc...

*Qu'entendez-vous par **coopérative**?*

On entend par là l'organisation de sociétés de producteurs ou de consommateurs qui s'unissent et s'organisent de manière à se passer des intermédiaires, et ainsi à bénéficier de leur profit.

Dans la coopérative de consommation, on se passe du marchand détaillant; dans la coopérative de production, on se passe du patron ; dans la coopérative de crédit, on se passe du banquier.

Dans la *coopérative de production* des ouvriers s'associent, par exemple, pour organiser un atelier de menuiserie ou une imprimerie, ou encore pour exploiter une ferme en commun. Ils sont à la fois employeurs et employés et se partagent, selon un règlement, tout le profit de l'entreprise.

La pierre d'achoppement de la coopérative de production est l'indiscipline des associés, qui n'obéissent pas toujours à l'autorité établie par les statuts ; car une autorité est indispensable pour assurer la direction de l'entreprise.

Dans la *coopérative de consommation*, les associés ouvrent un magasin collectif et lui réservent leurs achats usuels. La coopérative remplace le commerçant détaillant : obtenant, comme lui, des producteurs le prix de gros, elle peut vendre les denrées à des prix de détail inférieurs au prix courant et réaliser, en outre, après avoir couvert ses frais, un certain bénéfice. Ce bénéfice est employé conformément aux statuts. Une part en est souvent distribuée aux coopérateurs sous le nom de « ristourne » ou « trop-perçu », proportionnellement au chiffre de leurs achats. Beaucoup de statuts permettent de prélever sur le bénéfice annuel une certaine somme qui sert à subventionner des organisations sociales.

Dans la *coopérative de crédit*, les associés constituent, au moyen de leurs épargnes et de leurs dépôts, une caisse où ils trouveront, au moment du besoin, des prêts gratuits ou à bon compte.

Les coopératives ne sont pas, au même titre que l'enseignement professionnel ou la mutualité, des organisations corporatives ; mais, si beaucoup se constituent hors de tout milieu professionnel, le

syndicat n'en demeure pas moins un terrain très
favorable à leur éclosion.

*Pour ces divers services, le syndicat n'exige-t-il pas des
cotisations très élevées?*

Les petits ruisseaux font les grandes rivières :
avec beaucoup de petites cotisations on fait une
grande somme d'argent. De là, la nécessité de faire
des recrues nombreuses.

Les syndiqués devront être assez raisonnables pour
se rendre compte qu'on n'a rien pour rien en ce
monde. S'ils veulent donc de puissantes et bienfaisan-
tes institutions syndicales, ils accepteront de payer de
fortes cotisations

La richesse du syndicat profitera à tous les syndiqués, comme la richesse d'une famille profite à chacun
de ses membres.

*Le syndicat n'a-t-il pas un rôle à jouer dans la vie
publique?*

Le Gouvernement fait souvent des enquêtes
auprès des syndicats; il leur demande des avis
sur des projets de réformes. Le Bureau syndical et
les syndiqués devront s'intéresser aux questions
ainsi posées en vue du bien général, y répondre
avec réflexion, précision et conscience. Ainsi, la
loi du 23 avril 1919 sur la journée de huit heures
exige que les syndicats soient consultés en vue de
la rédaction des décrets qui réglementeront dans
chaque industrie les applications du nouveau
régime de travail.

Les statistiques demandées seront établies avec exactitude : elles sont des documents indispensables aux

économistes, aux membres du Parlement. Faisant connaître la vraie situation du pays, elles servent beaucoup
dans l'établissement des lois et règlements publics.

Le Bureau syndical devra veiller à faire inscrire tous
ses membres sur les listes électorales, à l'occasion des
élections professionnelles qui ont lieu périodiquement,
pour les *Conseils de Prud'hommes* (loi du 27 mars 1907),
pour les *Conseils consultatifs du Travail* (lois du 17 juillet 1908 et du 8 avril 1910). Les femmes ont le droit de
suffrage. Patronnes, ouvrières et employées sont-élec-
trices et éligibles.

Le syndicat lui-même, comme tel, étant électeur et
disposant d'un nombre de voix proportionnel au nombre de ses membres, le Bureau ne manquera pas de
préparer et transmettre le vote syndical dans les élections diverses prévues par les lois et règlements : élections, par exemple, au *Conseil supérieur du Travail*
(décrets du 14 mars 1903, 27 janvier 1904, etc.), aux *Offices des Pupilles de la Nation*, etc.

*Quel est le rôle assigné à l'Internationale syndi-
caliste ?*

Le rôle essentiel de l'*Internationale syndicaliste*
est d'unifier, au moyen de congrès ou conférences
périodiques, les programmes de revendications et
réformes ouvrières afin d'en obtenir l'adoption
simultanée dans les diverses nations. Étant donné
l'âpreté de la lutte industrielle entre les peuples
modernes, un pays ne peut plus faire des réformes
importantes dans le domaine du travail sans s'exposer à pâtir de la concurrence des pays moins
épris d'idéal.

Nous avons pu adopter la journée légale de 8 heures
parce que, en vertu du traité de paix, les autres nations
l'ont adoptée en même temps que nous. Si les nations

concurrentes, alors que nous la pratiquons loyalement, pratiquent la journée de 9 heures ou de 10 heures, malgré le traité, notre industrie ne tardera pas à être étouffée par celle de ces nations peu scrupuleuses.

Il appartient à l'*Internationale syndicaliste* de veiller à la stricte observation du traité, sur ce point comme sur d'autres points de la législation sociale internationale. Les ouvriers de tous les pays sont directement intéressés à l'unification des règlements du travail qui, seule, permettra d'avancer sans danger dans la voie des réformes sociales.

L'Internationale du syndicalisme chrétien a pour mission, en face de l'Internationale du syndicalisme socialiste ou socialisant, de faire entendre la voix de la raison, de la justice et de la concorde.

VII

RÉPONSE A QUELQUES DIFFICULTÉS

La religion n'a rien à voir dans les affaires.

A tout instant, la morale — et il n'y a pas de morale vraie sans religion — a son mot à dire dans les affaires.

Dans les affaires, on passe continuellement des contrats ; on achète des marchandises, on en vend ; on emprunte de l'argent et l'on en prête à intérêts ; on embauche des ouvriers et l'on fixe des salaires... Ce sont autant de contrats, contrats d'achat, de vente, de prêt, de louage d'ouvrage...

Ces contrats seront justes ou injustes, selon qu'ils seront conformes ou non aux règles de la morale.

> Le bien d'autrui tu ne prendras,
> Ni retiendras à ton escient.

Ce commandement de Dieu ne nous défend pas seulement de voler le porte-monnaie du voisin ; il nous défend toute injustice à son égard.

Supprimez la religion et vous supprimerez la vraie base de la morale. S'il n'y a pas de Dieu, si je n'ai aucun compte à rendre après la mort, si tout se réduit à la vie terrestre, mon intérêt est de jouir de cette vie le plus possible. J'ai droit à ma part de bonheur : pour la conquérir, tous les moyens sont bons ; quiconque se met en travers de ma voie commet une injustice à mon égard : si je suis assez fort, je le brise.

Voilà l'humanité avec une morale sans Dieu. Quel spectacle ! Partout la lutte, la bataille pour la proie ! C'est le règne de la force. C'est donc le recul de la civilisation et le retour au paganisme. La morale de la force, il n'y a pas de doute, nous rendra l'esclavage avec ses horreurs.

Les socialistes qui combattent la religion sont, en réalité, les pires ennemis de la classe ouvrière : ils préparent les voies au paganisme et, par le paganisme, à l'oppression des faibles par les forts. Mais cela importe peu aux meneurs socialistes ; ils sont bien tranquilles : dans la société socialiste, ce sont eux qui seront les chefs, donc les gros et les forts.

Moi, je n'ai pas besoin de syndicat, j'ai du travail bien payé.

Vous avez du travail bien payé... combien de temps ça durera-t-il ? Vous pouvez tomber malade, devenir infirme... ; votre industrie peut traverser une crise, dépérir, disparaître... que deviendrez-vous sans appui, sans secours ?

Ne dédaignez pas le syndicat comme trop petit pour vous ; rappelez-vous le proverbe :

« On a souvent besoin d'un plus petit que soi. »

Il y a une Providence en ce monde : on est souvent puni par où l'on a péché.

Vous n'avez pas besoin de syndicat, dites-vous, mais d'autres en auraient besoin : pour eux, le syndicat serait d'un grand secours... Vous qui êtes un bon ouvrier, un bon employé, puisque vous avez toujours du travail et du travail bien payé, vous seriez, grâce à votre excellente réputation, un appoint énorme pour le syndicat. Si vous êtes vraiment chrétien, écoutez et

comprenez ceci : dans votre seule adhésion au syndicat, il y aura l'acte de camaraderie, de charité, le plus
intelligent et le plus efficace, parce que ce ne sera pas
une personne seulement, mais cent, cinq cents, mille
personnes, mille familles qui en profiteront.

Se syndiquer ne convient pas à une femme.

Le syndicat convient à toutes les personnes qui
exercent une profession, aux femmes par conséquent, comme aux hommes. N'avez-vous pas des
intérêts à promouvoir? Jusqu'à présent, on n'a
trouvé rien de mieux que l'association professionnelle ou syndicat pour promouvoir, sur une large
échelle, les intérêts professionnels.

Mais vous trouvez, peut-être, que ce nom-là de syndicat manque de cachet, de chic, pour une travailleuse
de profession distinguée...

Ma foi, vous êtes bien difficile. Ils ne sont pas si dé-
goûtés ces châtelains, grands propriétaires, qui font
partie de syndicats agricoles, ni ces grands industriels
et commerçants, qui font partie chacun du syndicat de
leur industrie ou commerce, ni MM. de Rothschild,
qui président des syndicats financiers.

Pas de préjugés ridicules. Pensons et jugeons en
personnes de tête et non en petites perruches.

Allez au syndicat chrétien; là, toutes les règles de
bienséance seront observées. Rien ne vous y choquera.
Si vous n'y allez pas... attendez un peu, il vous faudra,
malgré vous, vous syndiquer ailleurs. Les socialistes
se remuent beaucoup : vous serez bientôt peut-être
acculée par eux, dans votre magasin, votre bureau,
à vous laisser inscrire au syndicat révolutionnaire...
Vous y ferez jolie figure.

Je ne pourrai jamais payer ma cotisation.

Entendu... Eh bien, sachez que si vous ne la payez pas une fois, vous la payerez, que vous le vouliez ou non, dix fois, vingt fois, peut-être cent fois, et en pure perte.

C'est un fait : un syndicat bien mené procure toutes sortes d'avantages : en particulier, il veille à maintenir le juste salaire ; le juste salaire, c'est le bon salaire. Vous ne payez pas de cotisation, vous n'êtes donc pas syndiqué, vous n'avez donc personne pour défendre votre juste salaire. Si vous perdez seulement cinquante centimes de salaire par jour, vous perdrez environ quinze francs par mois et cent quatre-vingts francs par an. Est-ce que vous ne payez pas ainsi plusieurs fois votre petite cotisation ?
N'étant pas syndiqué, vous perdrez les avantages et les garanties du placement syndical, vous perdrez le bénéfice professionnel des leçons et cours techniques qui augmenteraient votre capacité et donc vous donneraient droit à un meilleur salaire.

Payer sa cotisation, c'est faire un bon placement ; c'est placer son argent non à cinq pour cent, mais à cent pour cent.

Si j'entre au syndicat, il me faudra tout le temps faire grève.

Erreur : ce ne sont pas les syndicats, mais des comités improvisés, des groupes de meneurs sans autorité qui ont provoqué la plupart de ces innombrables grèves dont notre vie économique a tant souffert avant la guerre.

Pour peu qu'ils aient à leur tête des personnes de

bon sens et de conscience — et il dépend des syndiqués de n'y mettre que de ces personnes-là — les syndicats ne se jetteront jamais, sans avoir fait une étude minutieuse de la situation économique et sans avoir épuisé tous les moyens de conciliation, dans la dangereuse aventure d'une grève.

Un Bureau syndical intelligent ne s'y décidera que pour des raisons extrêmes, car il verra d'un coup d'œil ce qu'une grève représente de salaires perdus, perdus souvent sans aucune compensation réelle.

N'exagérez donc rien.

Si, dans un cas donné, un intérêt vital étant en jeu, il fallait, pour obtenir justice, se décider à la grève, pourquoi ne marcheriez-vous pas avec les camarades ? L'issue de la grève peut ne pas vous intéresser personnellement, mais, si elle intéresse vos camarades syndicalistes, la charité fraternelle et la discipline de l'association à laquelle vous êtes affilié librement vous feront un devoir de les seconder.

Mon patron me fera grise mine si je me syndique : je risque de perdre ma place.

Oui, certains patrons se méfient des syndicats ; c'est qu'ils n'ont vu à l'œuvre que des syndicats socialistes et révolutionnaires. Ces syndicats de lutte de classes ne cherchent qu'à créer des embarras à l'industriel, au risque de ruiner l'industrie qui les fait vivre.

Le syndicat indépendant répudie, comme injuste et stupide, la méthode de « chambardement ». Ses droits, il les défend avec énergie, mais il respecte ceux du patron. Loin de lui créer des difficultés, il collabore loyalement à la production, s'efforce de faire prospérer la fabrique ou l'usine, sachant très bien que, seules les industries prospères assurent le bien-être des travailleurs.

Si vous entrez vraiment dans l'esprit du syndicat chrétien, vous serez un ouvrier, un employé consciencieux, votre patron saura vous apprécier ; il n'aura pas la sottise de vous mettre à la porte.

Et puis, tout le monde se syndique : votre patron est lui-même syndiqué vraisemblablement. S'il tient à garder son atelier ouvert, son usine ouverte, il sera bien forcé d'employer des syndiqués, car il n'aura bientôt plus le choix entre syndiqués et non syndiqués.

Nous avons ici des syndicats qui ne sont pas socialistes, à quoi bon en créer de nouveaux ?

Les syndicats dont vous parlez peuvent être composés de très braves gens, c'est entendu ; mais dites-moi, ne se rattachent-ils pas à une Union départementale et à une Fédération d'industrie ? Cette union, cette fédération, ne se rattachent-elles pas elles-mêmes à la *Confédération générale du Travail* de Paris ?

Oui, n'est-ce pas ?

Eh bien, sachez que la C. G. T. est le moteur central du syndicalisme socialiste. C'est d'elle que partent les grands mouvements qui se transmettent de proche en proche jusqu'aux syndicats et aux syndiqués de la province la plus reculée.

Quels sont les chauffeurs et mécaniciens de cette grosse machine ? Des socialistes, mêlés d'anarchistes, de bolchévistes.

Sans doute, les syndicats locaux jouissent d'une certaine indépendance théorique, mais la bonne volonté de leurs dirigeants tiendra-t-elle longtemps contre la formidable pression de l'engrenage? Ils seront emportés malgré eux. Résultat déplorable : ces braves gens apporteront à la lutte de classes, à la guerre sociale, l'appoint de leur force.

Vous voyez le péril. Pour n'être pas entraîné un jour par l'engrenage de la C. G. T., gardez-vous d'entrer dans un syndicat affilié à cette Centrale socialiste.

Il existe, il est vrai, des syndicats neutres, c'est-à-dire ne se réclamant d'aucune doctrine sociale, mais ils disparaissent les uns après les autres. N'ayant pas de doctrine, ils n'ont pas d'âme et sont voués à la mort. On en a vu plusieurs passer avec armes et bagages à la C. G. T.

Mon patron, qui est bon chrétien, ne veut chez lui ni syndicat socialiste, ni syndicat chrétien.

Que votre patron n'aime guère les syndicats socialistes, c'est assez naturel. Les socialistes n'ont qu'un but, le « chambardement » de la société actuelle. Pour eux, les mots justice et injustice ne signifient pas ce qu'ils signifient pour le commun des hommes. Le patron, c'est l'ennemi, en vertu du principe de la lutte des classes : aussi, avant la guerre, cherchait-on à lui faire le plus de mal possible. A ce petit jeu de massacre on ruinait l'industrie française, mais les grands économistes de la C. G. T. ne voyaient pas si loin.

Que votre patron n'aime pas les syndicats chrétiens, c'est une erreur de la part d'un bon chrétien. S'il est catholique, il devrait juger ces syndicats comme les juge le Pape; or, les Papes n'ont cessé d'en recommander la fondation : ils ont sans doute de bonnes raisons pour cela.

Mettre les syndicats indépendants, à principes chrétiens, et les syndicats socialistes dans le même sac, c'est se rendre coupable d'une injustice criante et faire injure à la religion.

A son insu, ce patron juge tout bonnement comme ces révolutionnaires de 1791, qui frappèrent de mort les corporations. En condamnant avec eux l'organisation professionnelle, l'une des assises fondamentales de l'ordre social, il favorise en fait le désordre.

Un socialiste m'a dit : « Vous êtes une confrérie; vous n'êtes pas un syndicat. »

Répondez : « C'est faux » et affirmez le caractère strictement professionnel de votre association. Montrez que tous ses adhérents ou adhérentes sont du même métier ou de métiers similaires ayant les mêmes intérêts; que dans les réunions syndicales, seules les affaires professionnelles font l'objet de vos discussions.

Et après la défense, l'attaque :
« Vous prétendez, direz-vous, que nous sommes une confrérie parce que notre syndicat se réclame des principes chrétiens... mais, à ce compte, vos syndicats socialistes sont encore plus confréries que le nôtre : ils sont des confréries rouges... S'en tiennent-ils strictement, comme le nôtre, aux questions professionnelles ? Non. Dominés par les sectaires, ils poursuivent des buts extra-professionnels, cherchent à ruiner toute religion, la morale chrétienne, et à chambarder la société actuelle : et pour la remplacer par quoi ? Par une société matérialiste, où triomphera la religion des appétits et la morale des instincts... pratiquement la religion de l'égoïsme et la morale de la force, c'est-à-dire le paganisme caractérisé par la domination des forts et l'asservissement des faibles. »

*Un socialiste m'a dit : « Vous êtes un syndicat jaune ».
Je n'ai pas bien compris.*

Il a voulu dire que votre syndicat est à la solde
des patrons. Rien que ça !... Pour le coup, vous
auriez dû protester avec indignation contre cette
insinuation perfide et stupide. L'honneur syndical
est ici en cause. Dites bien haut que votre syndicat n'a été acheté par personne, qu'il est libre de
toute attache pécuniaire, et que si d'ailleurs vous
entretenez de bons rapports avec les patrons ani-
més de l'esprit d'équité à votre égard, vous ne sau-
riez admettre leur ingérence dans vos affaires !

Comme dit le proverbe : Charbonnier est maître
chez soi !

Dites bien haut que les principes chrétiens com-
mandent la sincérité, la loyauté, la vraie fraternité
entre frères et sœurs de travail, qu'ils condamnent
l'hypocrisie et la trahison.

Un syndicat qui ferait sournoisement le jeu des employeurs contre les employés ne serait qu'une organisation antisociale, puisqu'il fausserait les rapports
entre le capital et le travail, sèmerait la zizanie et
susciterait des haines parmi les membres de la même
profession qu'un lien fraternel doit unir : jamais un
syndicat indépendant, d'esprit chrétien, n'acceptera
cette falsification du syndicalisme, cette déloyauté
corporative.

*Les syndicalistes socialistes vont accuser les syndicats
indépendants de semer la discorde, de briser l'unité.*

Vous leur répondrez : « C'est vous, les premiers,
qui avez créé la division parmi les travailleurs, en
affichant vos principes révolutionnaires, en fai-

sant du syndicat une machine de guerre dressée contre la religion, la famille, l'ordre social et contre les véritables intérêts de la classe ouvrière. Vous n'avez jamais été une organisation strictement professionnelle... Par vos discours, vos manifestations antichrétiennes, vous avez rendu pour nous la maison syndicale inhabitable et vous nous avez contraints à nous faire un foyer à nous... Ouvrez votre journal, *La Bataille*, vous y trouverez, en pleine période d'union sacrée, des articles, des expressions, des réclames de librairie qui sont, pour nous, des insultes grossières.

Restons séparés, puisque toute cohabitation est impossible; mais, sachez que, dans toute juste cause, lorsqu'une action d'ensemble exigera la constitution d'un *cartel*, nous marcherons avec vous pour la défense des intérêts communs. Notre idéal social ne le cède en rien au vôtre; nous l'estimons infiniment supérieur au vôtre. Plus que vous, nous voulons les justes réformes. Nous demandons, nous voulons que la dignité de la personne humaine soit respectée : la dignité humaine, le christianisme l'a proclamée dix-huit siècles avant le socialisme!

Puisque nous marcherons avec vous quand il conviendra, l'unité du mouvement syndical ne sera pas rompue. Des syndicats indépendants, à principes chrétiens, existent dans la plupart des pays : ils se sont toujours distingués par leur énergie, leur esprit d'initiative, de progrès, de solidarité...

Malgré la séparation, nous sommes prêts à vous aider, dans les limites indiquées, quand vous aurez besoin de nos services. Si nous déplorons et réprouvons vos doctrines, nous n'avons pour vos personnes aucune haine, aucune antipathie : restez très assurés de nos sentiments fraternels.

*Nous sommes trop peu nombreux, nous ne ferons
rien qui vaille.*

Il dépend de vous, de votre esprit de propagande
que le syndicat devienne une famille nombreuse.
Faites des recrues autour de vous, parmi vos camarades de travail. Beaucoup sont embrigadés
dans les groupements socialistes qui s'y sentent
dépaysés : un mot de vous les décidera à se joindre
à votre association.

Si vous étiez au courant de la doctrine sociale du
christianisme, vous auriez tôt fait de convaincre maints
camarades socialistes que votre idéal social l'emporte
sur le leur.

Ils sont ardents syndicalistes : parlez-leur des anciennes corporations chrétiennes, sauvegarde des travailleurs pendant des siècles. Dites que ce ne sont pas les
catholiques, mais les révolutionnaires de 1791 (loi Cha-
pelier des 14-17 juin) qui, au lieu de les adapter aux
temps nouveaux, les ont abolies brutalement, donnant
ainsi carte blanche au capitalisme païen en face d'ouvriers désormais sans défense.

Dites que les nôtres avec M. de Mun, ont toujours
réclamé la restauration des associations professionnelles, seule protection ouvrière dans notre régime
de libre concurrence... qu'ils ont contribué à faire vo-
ter la loi du 21 mars 1884, *combattue avec acharnement
par les socialistes,* mais ont toujours protesté contre
son étroitesse et ses restrictions...

Dites qu'ils ont élaboré, bien avant le Parlement,
toute une législation protectrice des travailleurs...

Dites que l'Encyclique *Rerum Novarum* du Pape
Léon XIII, sur la *Condition des Ouvriers* est une magnifique charte du travail où toutes les nobles aspirations
du monde ouvrier sont consacrées et confirmées...

Dites que les fameuses *Clauses ouvrières* dont les

congrès syndicalistes, nationaux et internationaux, ont si péniblement élaboré la formule en vue de leur insertion dans le Traité de Paix, à titre de réglementation universelle du travail, pourraient se retrouver, inscrites depuis 1891, dans cette Encyclique trop peu connue...

Dites avant tout que la doctrine sociale chrétienne est une doctrine de justice et que, par conséquent, elle sera une défense infrangible contre les abus de la force.

Cela est si vrai que l'on a vu des patrons proscrire avec une vigueur particulière les syndicats indépendants dont ils redoutaient la ferme conscience, l'intégrité scrupuleuse et les trop justes revendications.

Si vous étudiez un peu, si vous savez un peu, vous direz tout cela et bien d'autres choses encore...

Soyez persuadé que la doctrine sociale du christianisme possède en soi une vertu d'attraction et de séduction incomparable. Elle est, malheureusement, la grande méconnue.

Donc, si vous le voulez bien, vous gagnerez des adhérents : il ne faut pas douter du bon sens de vos camarades.

Mais supposons l'insuccès de vos efforts, supposons que vous ne soyez jamais au syndicat qu'une poignée... Eh bien, dans cette hypothèse invraisemblable, l'avenir, si vous savez vouloir, est encore à vous. Il ne dépend que de vous, en effet, de devenir une élite, élite professionnelle, élite syndicaliste. Or, ce sont les élites qui mènent le monde. Les hommes compétents, clairvoyants, énergiques, tôt ou tard, s'imposent à l'attention et au respect.

TABLE ALPHABÉTIQUE DES MATIÈRES

Les Brochures Jaunes ══ ══ de l'Action Populaire.

Collection de Doctrine sociale, d'Histoire sociale
ET DE MONOGRAPHIES (1)

(1) Les brochures étant sans cesse tenues à jour par des adjonctions nouvelles, le **PRIX** de chacune d'elles est à calculer d'après son **nombre de pages** au moment de l'achat :

16 pages, O fr. 40 ; 20 à 32 pages, O fr. 75 ;
34 à 48 pages, 1 franc ; 56 à 64 pages, 1 fr. 50, *franco.*

La MUTUALITÉ ECCLÉSIASTIQUE

Par E. DÉDÉ

AVOCAT A LA COUR D'APPEL DE PARIS

Brochure in-12.

PRIX................. **0 fr. 50** franco.

FRANÇAISES
ÉTUDES et
Monographies Sociales

UN VOLUME IN-12

(6me mille).

PRIX......... **2 fr. 50**; franco, **2 fr. 80.**

Ouvrage très recommandé pour les cercles d'études de Jeunes Filles.

INSTITUTRICES DE FRANCE

ÉTUDES ET MONOGRAPHIES

PREMIÈRE PARTIE
LA PROFESSION

Situation et influence sociales. — Mon Ecole normale. — L'école de formation sociale de Charonne. — L'école maternelle libre. — Syndicats d'institutrices.

DEUXIÈME PARTIE
LA VIE AU JOUR LE JOUR

La mission d'une institutrice. — Institutrice laïque. — Ma carrière d'institutrice libre. — Et la mienne. — Dévouement tranquille. — Célibat? Mariage? — La vie intellectuelle. — Une attitude morale. — A l'Ecole : toutes à toutes. — Au lendemain de l'Ecole. — Vacances et repos.

Un volume de 400 pages.

PRIX....... **2 fr. 50**; franco, **2 fr. 80.**

AF40124?

PROMENADE

AU CHATEAU DE COMPIÈGNE

ET AUX RUINES

DE PIERREFONDS ET DE COUCY

TYPOGRAPHIE DE CH. LAHURE

Imprimeur du Sénat et de la Cour de Cassation

rue de Vaugirard, 9

GUIDES-CICERONE

PROMENADE

AU CHATEAU DE COMPIÈGNE

ET AUX RUINES

DE PIERREFONDS ET DE COUCY

PAR

EUGÈNE GUINOT

OUVRAGE ILLUSTRÉ DE 11 VIGNETTES

PARIS

LIBRAIRIE DE L. HACHETTE ET Cⁱᵉ

RUE PIERRE-SARRAZIN, Nº 14

1854

AVANT-PROPOS.

Les environs de Paris, si riches en ornements et en beautés de toute sorte, n'ont rien de plus magnifique et de plus attrayant que Compiègne, Pierrefonds et Coucy, et ce sont là les plus intéressantes excursions que l'on puisse faire dans un rayon de vingt-cinq ou trente lieues autour de la capitale. Le château et la forêt de Compiègne, les ruines de Pierrefonds et de Coucy présentent de merveilleux tableaux que des milliers de visiteurs vont admirer pendant la belle saison.

Ce qui jadis était un voyage n'est plus aujourd'hui qu'une promenade, grâce à la rapidité du chemin de fer. Le chemin du Nord a mis ces explorations de Compiègne, Pierrefonds et Coucy à la portée des personnes qui n'ont à dépenser que peu de temps et qui sont obligées de renfermer leurs voyages dans la limite d'une journée. En partant le matin, on visitera Compiègne et Pierrefonds qui s'élève sur la lisière de la forêt, et on sera le soir de retour à Paris.

Coucy, placé un peu plus loin sur la même route, est le but d'une autre promenade non moins séduisante, et qui ne prend aussi qu'une seule journée, exempte de fatigue et bien remplie. Aux promeneurs et aux touristes curieux de documents historiques, nous offrons ici quelques détails sur ce château, cette forêt, ces ruines, remarquables par les souvenirs qui s'y rattachent, non moins que par leur splendeur naturelle et leur physionomie pittoresque.

Vue de Compiègne prise du pont.

I.

COMPIÈGNE.

Compiègne n'est qu'à une heure trois quarts de Paris par le train de grande vitesse, et pourtant on se croirait à une distance énorme de la capitale ; tant on retrouve ici le type parfait de la petite ville de province. Il semble que ce lien plus étroit noué par la vapeur, et les communications devenues si fréquentes et si nombreuses, devraient modifier la physionomie des localités jadis séparées de Paris par une ou deux journées de voyage, et l'on est doublement surpris de se trouver si loin en si peu de temps. Mais, après tout, il n'y a pas grand mal, et Dieu veuille que quelques-unes de nos provinces conservent long-temps encore, malgré l'envahissement du chemin de fer, la vive empreinte de leurs vieilles mœurs, l'originalité saillante et pittoresque de leur caractère, de leurs costumes, de leurs traditions ! La ville de Compiègne n'a rien de particulièrement original, mais elle possède de beaux ornements, son château, sa forêt, et cela lui suffit.

Sa forêt lui valut, dès les premiers temps de la monarchie, l'avantage d'être un séjour favori des rois. Clotaire Ier y mourut en 561. Charles le Chauve l'agrandit et donna à la ville le nom de *Carlopolis*, qui ne prévalut pas sur le nom de *Compendium*, qu'elle tenait des Romains, et dont on a fait *Compiègne*. Suivant les historiens et les géographes, le nom latin de *compendium*, qui signifie *abrégé*, avait été donné à ce lieu, afin d'indiquer que, pour aller de Soissons à Beauvais, on raccourcissait le chemin en passant par là. Charles le Chauve fonda la célèbre abbaye de Saint-Corneille, à Compiègne, et l'établit dans l'ancien palais des rois de la première race ; il fit, dit-on, présent à ce monastère d'un des trois suaires qui enveloppaient le corps de Jésus-Christ dans son sépulcre. Louis le Bègue et Louis le Fainéant furent enterrés dans cette abbaye de Saint-Corneille, que détruisit la Révolution. Eudes, comte de Paris, fils de Robert le Fort, fut proclamé roi de France par l'assemblée tenue à Compiègne au mois de janvier de l'année 888. En récompense de la valeur que la milice de Compiègne avait dép'oyée à la bataille de Bouvines, Philippe-Auguste accorda plusieurs priviléges à cette ville,

Vue prise dans la forêt de Compiègne.

et lui donna des armoiries qui sont d'argent au lion d'azur armé et lampassé de gueules, couronné d'or et chargé de six fleurs de lis de même, avec cette devise : *Regno et regi fidelissima*, très-fidèle au pays et au roi. Après s'être dépouillé de son habitation royale en faveur des moines, Charles le Chauve avait fait construire au bord de la rivière un autre palais, que saint Louis transforma encore en couvent et donna aux Jacobins. Les rois n'eurent plus de résidence à Compiègne, et, quand ils venaient chasser dans la forêt, ils se logeaient, soit au couvent, soit dans un de leurs châteaux les plus voisins, jusqu'à ce que Charles V eut fait édifier un troisième palais. L'hôtel de ville, monument remarquable de style et d'élégance, a été bâti sous le règne de Louis XII. François Ier releva et agrandit les fortifications de Compiègne, et fit construire sur les dessins de Philibert Delorme la porte voûtée qui se nomma d'abord Porte Connétable, en l'honneur d'Anne de Montmorency, et qui se nomme aujourd'hui Porte Chapelle.

Au temps de la Ligue, Compiègne demeura digne de sa devise. On conserve, dans les archives de la ville, un grand nombre de lettres d'Henri III et d'Henri IV, qui complimentent les habitants et les remercient de leur bonne conduite.

Un ancien souvenir et une triste page des annales de Compiègne éveillent la curiosité des touristes : dans les ruines des fortifications, ils se font montrer les débris de la tour élevée pour défendre la fameuse porte qui se ferma devant Jeanne d'Arc, et la laissa prisonnière aux mains des assiégeants.

Voici, à l'extrémité du vieux pont, l'emplacement de la porte fatale. L'héroïne, venue au secours des habitants de Compiègne, avait fait une brillante sortie à la tête d'une faible troupe, et taillé en pièces bon nombre d'Anglais ; elle ramenait ses soldats triomphants, marchant la dernière pour intimider les ennemis qui la suivaient de loin. Au moment où elle allait franchir la porte, la herse s'abaissa, non par mégarde, mais par trahison ; et, restée seule, Jeanne tombe au pouvoir des ennemis qui l'enveloppent et l'accablent de leur nombre. Faites justice, braves et dignes touristes, vous êtes la postérité ! Jetez en passant une malédiction à la mémoire et au nom flétri de Guillaume de Flavy, le perfide capitaine, le misérable envieux qui ferma

Hôtel de ville de Compiègne.

cette porte et livra l'héroïne par une jalouse haine de sa gloire !

Mais passons à des souvenirs plus riants. Comme ses prédécésseurs, Louis XIV affectionnait Compiègne ; il aimait à y chasser, et un jour, après avoir parcouru à la poursuite du cerf les plaines qui avoisinent la forêt, il pensa que ce serait là un théâtre favorable au spectacle militaire qu'il méditait pour plusieurs motifs.

C'est le propre des grands esprits de savoir parfaitement allier leurs intérêts avec leurs passions. Ils abritent leurs faiblesses à l'ombre de leur génie, et ils font marcher du même pas et dans la même voie les vastes desseins de la politique et les tendres projets du sentiment le plus doux. Le grand roi, qui était un de ces esprits-là, avait son double motif, lorsqu'il ordonna le déploiement de toutes ses forces militaires dans les manœuvres du camp de Compiègne. Il voulait montrer à l'Europe, qui la croyait affaiblie, quelle était encore sa puissance guerrière : c'était le motif hautement avoué. Il voulait donner une fête à Mme de Maintenon : c'était le motif secret et connu de lui seul. Le roi et l'homme s'étaient merveilleusement entendus ; le politique et l'amoureux agissaient de concert ;

l'un et l'autre servaient leur cause, et les frais d'une fastueuse galanterie étaient justifiés par l'utilité véritable et officielle de la dépense.

Le camp de Compiègne s'est renouvelé bien des fois, mais jamais il n'a eu la magnificence d'alors. Non pas que les troupes ne fussent aussi belles, aussi nombreuses, aussi bien instruites ; mais ce qu'on n'a pas revu sur ce terrain, c'est la foule et le luxe des équipages, l'affluence des princes, des seigneurs, des courtisans et des grandes dames luttant de beauté, de parures, de splendeur, étalant toutes les richesses et toutes les pompes de la cour la plus opulente et la plus prodigue du monde. Le maréchal de Boufflers, qui eut le commandement du camp, pensa que cet honneur l'obligeait à se ruiner, et il le paya de toute sa fortune, sans marchander. Des grands seigneurs de ce temps-là, tel était le caractère ; ils continuaient noblement les généreuses traditions de l'ancienne chevalerie, faisant par orgueil ce que leurs ancêtres faisaient par bravoure et par piété, lorsqu'ils s'endettaient pour aller aux croisades. Mais l'orgueil est honorable aussi quand il accomplit de pareils sacrifices, dont l'éclat rejaillit sur la couronne et sur la nation.

Compiègne, vu de la tour de la Pucelle.

Il y eut pendant toute la durée du camp, et aux frais du maréchal, fête continuelle, violons et bals tous les soirs, table ouverte nuit et jour pour tout le monde, princes et princesses, seigneurs et dames de la cour, gentilshommes, officiers et spectateurs, avec une abondance inépuisable des mets les plus choisis et les plus rares, des vins les plus fins et les plus précieux, coulant comme l'eau des fontaines. Le roi d'Angleterre, qui vint passer plusieurs jours au camp, fut émerveillé de ce luxe, et le roi de France répéta au maréchal, en présence de toute la cour, ce qu'il lui avait dit après la prise de Furnes : « Je suis content de vous. » Et Boufflers se considéra comme remboursé par ces simples mots.

Le roi parlait dans toute la sincérité et la joie de son âme, lorsqu'il disait qu'il était content; car Mme de Maintenon lui avait dit aussi qu'elle était contente. Certes, elle eût été difficile, si le contentement ne lui était pas venu après ce que le roi avait fait pour elle, se tenant à côté de sa chaise à porteurs qu'il ordonna de placer à l'endroit le plus apparent et au meilleur point de vue, à quelques pas en avant des chaises des princesses, et pendant toutes les manœuvres, occupé d'elle seule, lui expliquant les mouvements des troupes et lui faisant une leçon de stratégie et de tactique. Cette attitude et ces attentions marquées devinrent la nouvelle et la principale affaire du camp ; tout s'effaça devant cet important épisode. Jusque-là l'inclination du roi s'était tenue sur une grande réserve ; mais dès lors elle était affichée et publique, et ce ne fut pas un médiocre étonnement de voir si près du trône le plus haut et du roi le plus glorieux de l'univers la veuve de Scarron le poëte, et l'ancienne amie de Ninon la courtisane !

Un autre roi, qui n'eut de son aïeul que la galanterie et non la grandeur, esprit de second ordre, qui s'inquiétait peu de déguiser ses faiblesses et de les couvrir du manteau de la politique, Louis XV fit construire, à la place du vieux palais bâti par Charles le Sage, le château de Compiègne, tel que nous le voyons aujourd'hui, et il ne crut pas devoir cacher que cet édifice était dédié à Mme de Pompadour.

Le luxe galant du xviiie siècle se retrouve encore dans les appartements du château de Compiègne. On prodiguait alors ces gracieuses peintures, ces ingénieuses et piquantes allégo-

Église de Compiègne.

ries, ces groupes naïfs et tendres qui sourient sur les lambris et couronnent les portes, encadrés dans les panneaux, renfermés dans de coquets médaillons, ou s'étalant sur les tapisseries des Gobelins. C'est toujours charmant. Et combien ces meubles sont hospitaliers et commodes! et que d'esprit dans les moindres ornements! On reconnaît au premier coup d'œil le dieu qui a inspiré ces œuvres, et le maître qui a conduit le pinceau de ces artistes. L'amour a passé par là! Puis est venu le malheur, l'exil. Après le roi voluptueux, le roi tombé. Sous l'Empire, Charles IV d'Espagne, dépossédé de sa couronne et amené en France, vient habiter le château de Compiègne avec la reine sa femme et son favori Godoï, prince de la Paix. La résidence, jadis si joyeuse, est affligée de ce mélancolique trio, sombre et chagrin jusque dans ses tristes amours. Mais bientôt, et aux approches de l'hiver, le roi proscrit adresse à l'Empereur une humble requête; il le remercie de la somptueuse résidence qui lui a été donnée, des soins qui lui sont prodigués; Compiègne serait un séjour délicieux pour lui, s'il n'y faisait pas aussi froid, et il demande avec instances qu'on lui permette de se rendre sous un ciel plus doux.

En réponse à cette supplique, on envoie à Marseille le frileux monarque espagnol, sa compagne et leur compagnon.

Deux ans plus tard, par une belle matinée du mois de mars, le château de Compiègne se réveille au bruit des clairons, des armes, des chevaux, des carrosses. Les brillants uniformes envahissent ses appartements; il y a foule d'aides-de-camp, de chambellans, de dames d'honneur : c'est la cour impériale qui vient au-devant de la nouvelle impératrice, l'archiduchesse Marie-Louise d'Autriche. L'Empereur a choisi cette résidence pour sa première entrevue avec la fille des Césars, et aussitôt il a envoyé une armée d'artistes et d'ouvriers apporter en ce lieu de nouveaux ornements et de magiques transformations. Le château de Compiègne se pare encore des merveilles du luxe ; mais, cette fois, ce sont les délicatesses d'un sentiment pur et légitime qui se plaisent à l'embellir. Par une gracieuse et touchante attention, l'Empereur avait voulu que la jeune princesse retrouvât un souvenir de la patrie qu'elle quittait et où elle laissait tant de chères affections ; l'appartement qu'il lui avait fait préparer était absolument pareil à celui qu'elle occupait au palais de Schœnbrunn. On

Le château de Compiègne.

avait reproduit avec la plus scrupuleuse exactitude les meubles, les tentures, les tableaux, et jusqu'aux moindres et aux plus imperceptibles détails. Ce n'est pas tout encore : il y avait dans les jardins de Schœnbrunn une allée en berceau d'un quart de lieue d'étendue, entièrement garnie et couverte d'un treillage où s'entrelaçaient des rameaux d'arbustes, des tiges et des feuillages de plantes grimpantes, ce qui formait comme une double muraille et un plafond de verdure et de fleurs; la jeune princesse aimait particulièrement cette allée et la choisissait pour ses promenades de chaque jour : l'Empereur ordonna qu'une allée semblable fût disposée dans le parc de Compiègne, et elle s'éleva comme par enchantement. Le merveilleux berceau existe toujours, mais ce n'est pas celui qui fut créé par les ordres de l'Empereur, et sous lequel se promena Marie-Louise. En 1815, les alliés occupèrent la contrée ; un corps d'armée autrichien campa dans le parc de Compiègne et se divertit à le ravager. Ce furent les Autrichiens qui taillèrent en pièces, abattirent et rasèrent au niveau du sol ce berceau qui avait été fait pour une archiduchesse d'Autriche !

Une nouvelle allée en treillage s'éleva bientôt

sur le tracé de la première; c'est celle-là que nous voyons aujourd'hui, et qui rappelle un des plus intéressants souvenirs du château de Compiègne.

Maintenant traversons la forêt, s'il vous plaît, cette belle forêt de Compiègne, qui n'a pas moins de quatorze mille cinq cents hectares de superficie. Il faudrait passer ici, non pas une journée, mais une semaine, pour tout voir en détail au château et dans le parc, pour parcourir tous les sites charmants de ces bois immenses et superbes. La forêt de Compiègne est la plus belle des environs de Paris, la mieux ornée d'arbres magnifiques, la plus riche en essences variées. Elle est bien supérieure à sa rivale de Fontainebleau, et bien moins usée. Tous les arbres de Fontainebleau ont figuré au Salon. C'est une forêt qui, dans la belle saison, est plantée de chevalets, avec deux ou trois peintres en perspective au bout de chaque allée; et, au lieu des scènes de bandits qui s'y passaient au vieux temps, ce sont à présent des charges et des bouffonneries d'atelier, moins tragiques, mais souvent aussi peu divertissantes, qui s'exécutent dans ses verdoyants carrefours. A Compiègne, on est à l'abri de ces rencontres; la

Le château de Compiègne, vu du parc.

forêt, tranquille et muette, offre tous les charmes
de la solitude et du recueillement. Si Fontainebleau est la forêt des peintres, Compiègne est la
forêt des poëtes, des amants, des promeneurs
paisibles, qui veulent passer quelques heures
loin du bruit, à l'ombre des bois, au milieu des
beaux aspects et des splendeurs de la nature.

II.

PIERREFONDS.

Sur la limite de la forêt de Compiègne, vous trouverez le riant village, les eaux salutaires et les belles ruines de Pierrefonds. Les ruines de Coucy, à quelques lieues de là, sont plus grandioses, mais moins pittoresques peut-être. On dirait ici que la ruine a été faite exprès, et avec art, pour décorer le paysage. L'imagination n'aurait rien pu créer de mieux.

Le château de Pierrefonds joue un grand rôle dans les vieilles chroniques. C'était une de ces demeures seigneuriales qui tenaient tête à la royauté. Le domaine s'étendait d'un côté jusqu'au Bourget, près de Paris, et, de l'autre, traversant tout le Valois et l'Ile de France, entrait en Picardie. L'épée des seigneurs s'était taillé morceau par morceau cette vaste souveraineté, ainsi que cela se faisait en ce temps-là, par conquêtes, par rapines, et en vendant aux couvents une protection que les moines payaient en pièces de terre. En revanche, ces seigneurs,

Ruines de Pierrefonds (extérieur.)

qui rançonnaient si bien les moines, se piquaient de remplir les pratiques de la dévotion, et se pliaient souvent à rendre de très-humbles hommages aux princes de l'Église. Ainsi le seigneur de Pierrefonds était un des quatre chevaliers qui devaient porter l'évêque de Soissons à son entrée dans la ville après sa promotion à l'épiscopat. La seigneurie de Pierrefonds ayant été acquise par la couronne de France, le premier évêque qui fut sacré après cet événement fit savoir au roi qu'en sa qualité de seigneur de Pierrefonds il devait être un des quatre porteurs, et il assignait le monarque à remplir cet office. Le roi répondit que, pour cette fois, il envoyait un représentant qui tiendrait sa place à la cérémonie, mais que désormais il entendait racheter cette charge.

Au temps des guerres civiles, le château de Pierrefonds devint un nid de ligueurs dont le chef était un aventurier, nommé Rieux ; non pas un descendant de l'illustre famille de Bretagne et du maréchal de Rieux, mais le fils d'un maréchal ferrant de Pierrefonds. Ayant ramassé quelque argent dans les vivres de l'armée, ancien commisaire d'artillerie, dit la Satire Ménippée, il leva une troupe de bandits, et le voilà pillant et saccageant le pays. Ce sacripant, qui se faisait appeler le comte de Rieux, se défendait comme un sanglier dans son château de Pierrefonds, où Biron l'assiégea vainement. La forteresse était solide ; huit cents coups de canon tirés par les assiégeants ne firent que blanchir les murailles. Le roi n'avait pu le faire prendre : Rieux voulut prendre le roi Henri IV. Il alla donc s'embusquer avec ses hommes dans un sentier de la forêt de Compiègne, par lequel il savait que le roi devait passer incognito et sans suite, en revenant d'une visite nocturne au château qu'habitait Gabrielle d'Estrées. Chemin faisant, le roi s'arrêta dans la cabane d'un bûcheron ; c'était son habitude d'entrer volontiers chez les paysans, et, comme ses courtisans blâmaient ce qu'ils appelaient son imprudence, il leur fit un jour cette belle et bonne réponse : « Je n'ai jamais entendu dire qu'un roi ait été assassiné dans une chaumière. »

Bien lui prit ce jour-là d'entrer dans la chaumière ; car le bûcheron, qui le reconnut, quoiqu'il fût simplement vêtu d'un habit de gros drap de Frise et n'eût avec lui qu'un seul compagnon, lui dit : « Sire, ne prenez pas ce chemin ; il y a par là Rieux qui vous attend. — Bon ! répon-

Ruines de Pierrefonds (intérieur).

dit le roi, j'y vais, et c'est moi qui le prendrai.
—Mais il a cinquante arquebuses avec lui, » reprit le paysan. Tout brave qu'il fût, le roi ne
pouvait affronter avec un seul compagnon cinquante ennemis ; il se contenta donc d'échapper
au danger en rebroussant chemin, et il put de
ce moment renforcer sa maxime, et dire que
non-seulement les rois ne sont jamais assassinés
dans les chaumières, mais encore que parfois ils
y sont sauvés des assassins.

Rieux fut pris peu de temps après, un jour
que, pour s'entretenir la main et garnir son es-
carcelle, il était en train d'arrêter deux voitures
publiques sur la grande route de Saint-Quentin.
On le pendit.

Au temps de la Fronde, Pierrefonds devint
encore place de guerre tenant contre le roi, mais
ce fut la fin de ses exploits : quand les troubles
furent apaisés, le roi ordonna qu'on démantelât
la forteresse de Pierrefonds. Les murs étaient
si épais, si solidement bâtis, qu'il fallut renoncer à les détruire. On se contenta d'éventrer
chaque tour, et de rendre ainsi la place incapable de se défendre. Le temps fit le reste, et
c'est là cette ruine que l'on admire aujourd'hui.
Pierrefonds n'est plus qu'un délicieux séjour

dans un site ravissant. Sous les ruines du vieux château, les beaux jardins d'une élégante habitation moderne sont baignés par un lac sur lequel navigue une flottille de canots. Près de ce lac ont jailli des sources minérales dont les vertus sont constatées par l'examen des savants et par la reconnaissance de ceux qu'elles ont guéris. Une colonie de baigneurs parisiens vient tous les ans s'installer à Pierrefonds. Ils ont pour se récréer la forêt voisine, et le lac pour la pêche et la navigation. Les promenades des environs sont charmantes, et rien n'empêche que ce lieu ne devienne bientôt à la mode. C'est assurément une des plus agréables excursions que les touristes puissent faire dans la belle saison, et ils ne manquent pas d'inscrire en tête de la liste de leurs projets ces deux noms : Compiègne et Pierrefonds.

Ruines du château de Coucy.

III.

COUCY.

C'est à la station de Chauny que l'on descend pour aller visiter les fameuses ruines du château de Coucy.

On les aperçoit de loin, et leur aspect a quelque chose de saisissant. Il est peu de ruines aussi belles, aussi majestueuses, dans toute l'Allemagne, cette terre classique des châteaux ruinés par le temps ou par la guerre. La grosse tour de Coucy n'a pas sa pareille en Europe. Dans l'enceinte de cette forteresse, vous vous promenez en plein moyen âge. De toutes les parties de l'édifice, il reste quelque débris qui vous permet de le reconstruire en entier dans votre imagination. Ici, c'est un pan de muraille; là, le pied d'une tourelle, le reste d'une salle, le chapiteau d'une colonne, l'ouverture des oubliettes, le musée, où sont précieusement conservées toutes sortes de reliques monumentales, recueillies dans les décombres. Çà et là des peintures qui paraissent encore fraîches, et partout des fenêtres béantes qui s'ouvrent sur un admirable paysage.

Il est impossible de parcourir ces ruines et de les contempler sans songer à ceux qui habitèrent ici, alors que le château s'élevait superbe et formidable.

Cette brillante et fameuse race des Coucy se révèle dès le commencement du XIe siècle. On les voit paraître sur les champs de bataille, armés de toutes pièces et portant haut leur bannière. Ils étaient déjà seigneurs d'un grand nombre de terres en Picardie, et comtes d'Amiens. Leur donjon s'élevait fièrement sur sa colline, et ils ne dédaignaient pas d'en descendre pour détrousser les voyageurs et les marchands aventurés sur les grands chemins. Telles étaient les mœurs de ce temps-là. Mais, s'ils s'abaissaient au métier de brigands, ces hardis châtelains faisaient plus volontiers encore la grande guerre : ils opprimaient le faible, mais, en revanche, ils ne craignaient pas d'attaquer le fort et le puissant. Si ce n'est pas une excuse, c'est du moins une compensation pour leur gloire.

Un des premiers qui firent parler d'eux dans cette illustre maison, Thomas de Coucy, était un seigneur à la fois avide, cruel et intrépide, qui

La grosse tour de Goucy.

se mit en hostilité ouverte avec les deux puissances les plus redoutables qu'il y eût alors : l'Église et la royauté ; pillant sans façon le bien des moines, et faisant des excursions sur le domaine de la couronne. Pour le punir de ce double méfait, le concile de Beauvais l'excommunia, et le roi le dépouilla de son comté d'Amiens. Le sire de Coucy parut s'amender ; il demeura quelque temps en repos, et dota l'abbaye de Prémontré, sa voisine, pour réparer une partie de ses torts. Son orgueil pouvait consentir à se réconcilier avec l'Église, mais non se résigner à plier devant l'autorité royale. Loin de fléchir, il se tenait prêt à braver, n'attendant qu'une occasion, qui se présenta bientôt.

Un jour, les sentinelles placées sur le sommet de la tour pour veiller sur le pays signalent un nombreux convoi de voyageurs, passant sur la route à quelques portées d'arbalète. Thomas de Coucy, jugeant que ce doit être une bonne prise, dépêche aussitôt vers cette proie une vingtaine de cavaliers commandés par un capitaine. Au bout d'une demi-heure, les soldats rentraient au château, amenant leur capture. C'étaient des marchands qui se rendaient en Angleterre, avec une ample provision d'argent, et leurs mulets pliant sous le poids des ballots. Celui qui était le chef de la caravane s'approcha du sire de Coucy, et, après avoir obtenu la permission de prendre la parole, il objecta respectueusement que lui et les siens devaient être rendus à la liberté avec tout leur bagage, attendu qu'ils étaient nantis d'un sauf-conduit émané du roi de France.

« Oui-dà ! fit le seigneur de Coucy, voyons un peu cela. »

Le marchand présenta le parchemin revêtu du sceau royal, et le châtelain, l'ayant examiné d'un coup d'œil, reprit avec un sourire expressif :

« En effet, vous êtes en règle, et voilà une bonne garantie ! Je comptais vous faire payer une somme d'argent à titre de redevance pour droit de passage dans ce pays qui est mien ; mais, puisque vous êtes munis d'un sauf-conduit du roi de France, c'est différent : au lieu de me contenter d'une simple contribution, je prends tout ce que vous avez : argent, marchandises, chevaux et mulets. On ne vous laissera pas un denier, et de plus, avant de vous mettre hors d'ici, on vous donnera les étrivières pour faire honneur à la recommandation dont vous avez voulu vous prévaloir. »

Puis, froissant entre ses doigts le parchemin royal, il en fit une pelote qu'il lança par la fenêtre avec le plus profond mépris :

« Cela vous apprendra que là où commande le sire de Coucy, un roi de France n'a rien à voir ni à vouloir. »

Et, d'un geste plein de courroux, il congédia les marchands, qui furent strictement traités comme il l'avait ordonné. Ces pauvres gens, dépouillés et battus, s'en retournèrent tristement à pied jusqu'à Paris, où ils portèrent leurs plaintes et leurs doléances.

Lorsqu'il apprit l'injure qui avait été faite à son autorité souveraine, le roi Louis le Gros résolut de punir cet affront par un châtiment exemplaire, et de façon à rabattre l'insolence toujours croissante des grands vassaux. Il se mit aussitôt en campagne, et le château de Coucy eut alors l'insigne honneur d'être attaqué par le roi de France en personne. Sous ses murs flotta l'oriflamme qui avait paru pour la première fois sur le champ de bataille six ans auparavant. La forteresse résista vaillamment à l'armée royale, et, non content de soutenir les assauts, le sire de Coucy poussa l'audace jusqu'à faire une sortie, et se présenta l'épée haute dans le camp des assiégeants, appelant le roi pour le combattre corps à corps: Cette témérité lui réussit mal; il fut blessé, pris, et transporté à Laon, où il mourut le lendemain de sa défaite.

Cependant, les Coucy se suivent et ne se ressemblent pas : à ce rebelle succède un Enguerrand de Coucy, pieux et fidèle, qui protége l'Église et sert loyalement le roi, si bien que Philippe-Auguste lui donna en mariage sa cousine germaine, Alix de Dreux, et voilà cette noble maison alliée à la couronne de France. Rien ne manque à sa gloire, à son éclat, à sa fortune; mais pourtant cette splendeur ne serait pas complète, si un intérêt romanesque ne venait s'y joindre, et mêler au retentissement des combats le touchant récit d'un drame amoureux.

Brave et vaillant comme ses aïeux, Raoul de Coucy avait de plus qu'eux le mérite d'être versé dans les belles-lettres et de cultiver la poésie. Il faisait des vers, et il les chantait d'une douce voix. Ce talent et la bonne mine du jeune chevalier lui gagnèrent le cœur d'une noble dame de Picardie, Gabrielle de Fayel, épouse d'un certain baron de Vergier. Un profond

mystère couvrit cette tendre et mutuelle inclination, jusqu'au jour où Raoul de Coucy fut
appelé à la croisade. Après de tristes adieux, il
partit, l'âme brisée par un sinistre pressenti-
ment. La chance des combats devait lui être fatale. Au siége de Saint-Jean-d'Acre, il tomba
frappé d'un coup mortel. Avant d'expirer, il eut
la force d'appeler son écuyer et de lui dire : « Dès
que j'aurai rendu le dernier soupir, tu ouvriras
ma poitrine, tu y prendras mon cœur, que tu
renfermeras dans cette boîte d'or ; puis, tu par-
tiras pour la France, et tu remettras à la dame
de mes pensées cette relique, avec la lettre que
voici, et que j'ai écrite de mon sang. »

L'écuyer fidèle exécuta sans obstacle la première partie de l'œuvre que lui avait imposée
son maître mourant ; il prit le cœur, l'enferma
dans le reliquaire, y joignit la lettre, et, chargé
de ce précieux dépôt, traversa la mer et arriva en
Picardie. Mais, tout en déployant le même zèle,
il fut moins heureux dans l'accomplissement du
reste de sa mission. Comme il rôdait autour du
château habité par la noble dame à qui le legs
du chevalier devait être remis, il rencontra son
époux, le baron de Vergier, qui, jaloux et soup-
çonneux, le força, l'épée sur la gorge, à lui

avouer le motif de sa présence et à lui livrer le funèbre trésor. Le baron lut la lettre, et la fureur qu'il ressentit à cette lecture lui inspira une atroce pensée. Il fit servir à son épouse le cœur, haché menu, et mêlé aux aliments qu'elle prit à son repas; puis, il lui dit avec une joie haineuse et cruelle :

« Ce mets a dû vous sembler délicieux, madame, car sachez que vous venez de manger le cœur de votre amant.

— Puisque j'ai pris si noble nourriture, je n'en prendrai jamais d'autre ! » répondit Gabrielle.

Elle tint parole, et se laissa mourir de faim et de désespoir.

Cette légende est le roman favori du XIIIe siècle, la ballade sombre et attendrissante que chantent les trouvères et que les chroniqueurs écrivent dans leurs histoires. Elle se rattache au château de Coucy, en Picardie; mais d'autres manoirs et d'autres contrées la revendiquent. La tragédie a pris parti dans cette dispute, et de Belloy a fait de la baronne de Vergier Gabrielle de Vergy, afin de rimer avec Coucy. Pauvre rime qui ne peut tenir lieu de raison.

Les chroniques du Midi racontent ainsi la même anecdote :

Il y avait au pays de Provence un jeune homme, nommé Guillaume de Cabestaing, que nul n'égalait dans l'art de célébrer les louanges des dames en vers doux et galants. Comme il était dans le bel âge, fort bien fait de sa personne et de noble origine, on le fêtait en tous lieux ; et ce n'étaient partout sur son passage que gracieux sourires et tendres regards. Il devint amoureux d'une dame de la noble maison de Baux, qui descend des anciens rois d'Arles. Flattée de l'hommage du poëte ; heureuse et fière du retentissement que donnaient à son nom les vers de Cabestaing, Bérengère de Baux craignit de perdre cette gloire par l'infidélité de son amant, et, pour le retenir dans ses chaînes, elle lui fit prendre un philtre composé de certaines herbes qui lui avaient été indiquées par un astrologue. Tel fut l'effet de ce breuvage, que Cabestaing faillit d'abord en perdre la vie, et qu'il demeura quelque temps privé de sa raison. Lorsque la cause de ses maux lui fut connue, il conçut un éloignement bien naturel pour celle qui l'avait exposé à de si grands dangers, et, portant ailleurs sa pensée, il s'éprit d'une dame de la

maison de Roussillon, nommée Tricline Car-
bonnel, épouse du seigneur de Seillans. Voulant se venger de son abandon, Bérengère fit
parvenir à l'époux un avis secret. Le seigneur
de Seillans, rencontrant Cabestaing dans la
campagne, où il errait en composant des vers,
le tua traîtreusement, puis il fit servir à Tricline
le cœur de l'infortuné. Le reste est comme
dans la légende de Coucy; la même réponse est
attribuée à la dame de Seillans et à la dame de
Vergier, et le même trépas couronne leur mal-
heureuse passion. Pétrarque et Nostradamus,
qui valent bien le poëte de Belloy, attestent que
le fait s'est passé en Provence. D'autre part,
l'Italie le réclame et y met comme héros un
prince de Salerne. De son côté, l'Espagne place
cette aventure en Andalousie, et chante dans
son romancero la marquise d'Astorgas, à qui
un barbare époux fit manger le cœur de son
amant. Comment trancher ce débat? A moins
pourtant que le fait ne se soit passé en divers
pays, et que ce ne fût devenu en ce temps-là un
usage parmi les maris de servir à leur infidèle
moitié cette lamentable nourriture.

Mais laissons le roman, et revenons à l'histoire des seigneurs de Coucy.

Après le héros de la légende, voici venir un Enguerrand de Coucy surnommé le Grand, et vous allez voir s'il était digne de ce nom! C'est lui qui élève cette tour gigantesque encore debout. Il trouve trop étroit l'ancien château, qui avait eu pour dame châtelaine une princesse de la maison royale de France : il le fait abattre, et à la place il construit celui dont vous contemplez les ruines. Mais ce domaine ne lui suffit pas encore, et un beau jour, dans son château neuf, on voit arriver le duc de Sommerset, député par le roi d'Angleterre, le duc de Bretagne et d'autres grands seigneurs qui se liguent en apparence contre Thibaut, comte de Champagne, mais en réalité pour s'emparer du royaume pendant la minorité de Louis IX. Ces conjurés offrent la couronne à Coucy, qui concourt à cette usurpation. Voilà donc la race des Capétiens qui va disparaître pour faire place aux Coucy, rois de France! Mais la prudence de la reine Blanche déjoue ces trames ; les seigneurs coalisés rentrent dans le devoir, et l'un des premiers à se soumettre est Enguerrand de Coucy, qui renonce aux espérances de sa criminelle ambition.

Entre toutes les gracieuses dames et damoiselles qui ont embelli cette majestueuse résidence, les poëtes du XIIIe siècle se plurent à chanter la belle Marthe de Coucy. Les plus nobles barons, les plus aimables chevaliers, des princes même la recherchèrent en mariage ; mais, dans son orgueilleuse tendresse paternelle, le seigneur de Coucy répondait en caressant de sa puissante main la blonde tête de sa fille :

« Une couronne royale est seule digne de ce front charmant ! »

Un beau jour, le pont-levis du château s'abaissa devant un brillant cortége qui vint se ranger dans la vaste cour d'honneur. Le sire de Coucy alla lui-même au-devant de l'hôte illustre qui arrivait avec cette suite, et il lui devait bien cet hommage, car le visiteur n'était rien moins que le roi d'Écosse Alexandre II.

La grandeur et la magnificence du château de Coucy étonnèrent le monarque et l'éblouirent, lui qui pourtant possédait le palais d'Holyrood et le château de Dumbarton : Holyrood, merveille de luxe ; Dumbarton, prodige de force.

Le roi et les seigneurs de sa suite, qui se nommaient Argyle, Montrose, Sutherland, tous les plus grands noms d'Écosse, furent reçus dans la splendide salle des Preux, dont il reste en-

core une muraille, et qui alors était étincelante
de dorures, et portait sur ses lambris la fière
devise de la maison de Coucy :

JE NE SUIS ROY, NI DUC, PRINCE NI COMTE AUSSI,

JE SUIS LE SIRE DE COUCY.

Après les compliments, le roi proclama le but
de son voyage et de sa visite, qui était de demander au sire de Coucy, sa fille en mariage :
demande qui fut agréée ; de sorte que, réali-
sant le vœu paternel et, donnant un nouveau
lustre à sa maison, Marthe de Coucy devint
reine d'Écosse.

Le fils aîné d'Enguerrand avait été tué en
Palestine à la bataille de la Massoure ; le plus
jeune, qui devint le chef de la maison, était
peu digne de cet honneur. C'était un seigneur
inhabile et cruel, qui ne fit rien pour l'éclat de
sa race, et qui se compromit par de déplorables
actions.

Il était à table un jour, lorsque son écuyer
vint lui annoncer qu'on avait pris trois jeunes
gens chassant dans ses bois, et que les gardes
les lui amenaient.

C'étaient trois jeunes gentilshommes fla-

mands, neveux de l'abbé de Saint-Nicolas de
Laon, qui avaient eu la fâcheuse idée de prendre le divertissement de la chasse sur les terres
du rude seigneur.

On dit à Coucy que ces jeunes gens faisaient
demander s'il ne consentait pas à les voir.

« Comment donc ! mais très-volontiers, ré-
pondit-il. Qu'on les pende aux créneaux ; j'irai
les voir après mon dîner. »

Le roi saint Louis, justement irrité, voulait
qu'il payât de sa tête ce triple meurtre. Il le fit
amener à Paris, afin que le procès fût nstruiti
et la sentence prononcée par les pairs et les
barons.

Les juges étant rassemblés, et le roi prési-
dant la séance, Coucy comparut. Dès qu'il eut
décliné ses titres et qualités, un des barons se
leva, et dit que, l'accusé étant son parent, il devait s'abstenir ; puis il salua et sortit.

« Moi de même, » dit un autre baron ; et,
répétant l'un après l'autre ces mots et cette re-
traite, ils sortirent tous, un à un, si bien que
le roi resta seul en face de l'accusé.

Coucy lui dit alors :

« Vous avez entendu, sire, et, comme les

autres, vous devez vous récuser, car vous aussi vous êtes mon cousin. »

Le roi n'osa pas prononcer tout seul la peine de mort contre un Coucy. Le coupable fut condamné seulement à une forte amende, qui servit à de pieuses fondations.

Ce fut en la personne de cet indigne seigneur que s'éteignit la première race des Coucy. La seconde vint alors par les femmes, et apporta une nouvelle splendeur à cette illustre maison. Les grandes alliances recommencèrent, et les murs du château se recouvrirent d'armoiries royales. Vous retrouverez encore sur les ruines des traces de ces peintures que le temps n'a pu effacer. Un Coucy de la seconde race épousa la fille du duc d'Autriche. Un autre, qui était allé en Angleterre tenir l'emploi d'otage pour le roi Jean, fait prisonnier à la bataille de Poitiers, charma tellement le monarque anglais par sa bravoure et son esprit, que ce roi lui donna sa fille en mariage. Après Catherine d'Autriche, Isabelle d'Angleterre devint châtelaine de Coucy. Que de grandeurs ont passé dans cette enceinte dont vous foulez sous vos pieds les ruines éparses ! A la tête d'une armée que lui a donnée le roi de France, un Coucy marche à la conquête du duché d'Autriche, sur lequel il a des droits du chef de sa mère. Repoussé de l'Allemagne, il revient en France ; le roi lui offre l'épée de connétable, héritage de du Guesclin ; Coucy répond :

« Non, sire, il y a quelqu'un plus capable de tenir cette épée que moi et que tout autre : c'est Olivier de Clisson. Donnez-la-lui. »

Le roi donne l'épée à Clisson, et fait Coucy gouverneur de Picardie, avec la charge de grand boutillier de France.

Ce Coucy fut le dernier. Tué avec son fils à la bataille de Nicopolis (c'était le douzième Coucy mort en Palestine!) il ne laissa qu'une fille, qui mourut sans postérité après avoir vendu la terre de Coucy à Louis de France, duc d'Orléans, frère du roi.

Ainsi finit, à l'aurore du xve siècle, la famille de Coucy. Le rameau féminin s'était épuisé, comme la branche masculine. Tout s'éteignit, et il ne resta plus de cette noble maison que le nom, la gloire, et cette tour qui s'élève au milieu des ruines.

Les biens passèrent de la maison de Guines dans celle de Bar, puis aux Luxembourg, et enfin dans la maison de Bourbon, qui les réunit au domaine de la couronne.

Depuis lors le château de Coucy ne fit plus parler de lui. Les grands vassaux, d'ailleurs, s'étaient abaissés sous la lourde main de Louis XI. Quelques ligueurs vinrent pourtant se retrancher dans cette forteresse, et y ramenèrent un instant le mouvement militaire. Du temps de la Fronde, aux beaux jours de cette guerre des femmes, guerre si joyeuse, si folle, si amoureuse, on vit arriver un beau soir au château de Coucy trois amazones escortées de brillants cavaliers. On soupa gaiement, et, le lendemain matin, les troupes royales s'étant présentées, tout ce beau monde prit sa volée et disparut.

Mazarin n'en ordonna pas moins que l'on détruisît le château de Coucy, sous prétexte que c'était un nid de frondeurs.

On fit jouer la mine. Une énorme quantité de poudre à canon avait été entassée dans le souterrain de la grosse tour : l'explosion éclata avec un bruit formidable ; le sol en fut remué à deux lieues à la ronde ; les chênes séculaires furent déracinés, les maisons de la ville abattues, — mais la tour resta debout.

Seulement, une légère fente s'était faite de sa

base à sa cime. Plus tard vint un tremblement
de terre qui élargit cette blessure; mais la tour
résista vaillamment, et elle demeuré ferme et
solide avec sa longue balafre. L'action du temps,
l'effort des hommes, les bouleversements de la
nature, rien n'y a fait; la grosse tour de Coucy
est impérissable, et la fin du monde pourra
seule en avoir raison.

D'ici là des milliers de curieux iront escalader
sa plate-forme et visiter les beautés qui l'en-
tourent. C'est une promenade dans un pays
charmant, une excursion dans les souvenirs des
siècles reculés, le spectacle d'une magnifique
ruine que la pensée reconstruit, qui nous parle
des anciens temps, qui nous en montre la grandeur, la force, la poésie. Le présent est parfois
si aride et si triste, que l'on aime à contempler
dans la majesté de ses débris ce passé chevale-
resque et glorieux.

FIN.

Ch. Lahure, imp. du Sénat et de la Cour de Cassation,
(ancienne maison rapelet), rue de Vaugirard, 9.

9 782019 626174